I0040270

GEORGES OZIOL

DOCTEUR EN DROIT

CONTROLEUR DES CONTRIBUTIONS DIRECTES ET DU CADASTRE

LA

TAXATION DES REVENUS MIXTES

DANS

L'INDUSTRIE & LE COMMERCE

BESANÇON

TYPOGRAPHIE ET LITHOGRAPHIE J. DODIVERS

87, Grande-Rue et rue Moncey, 8 bis

—

1914

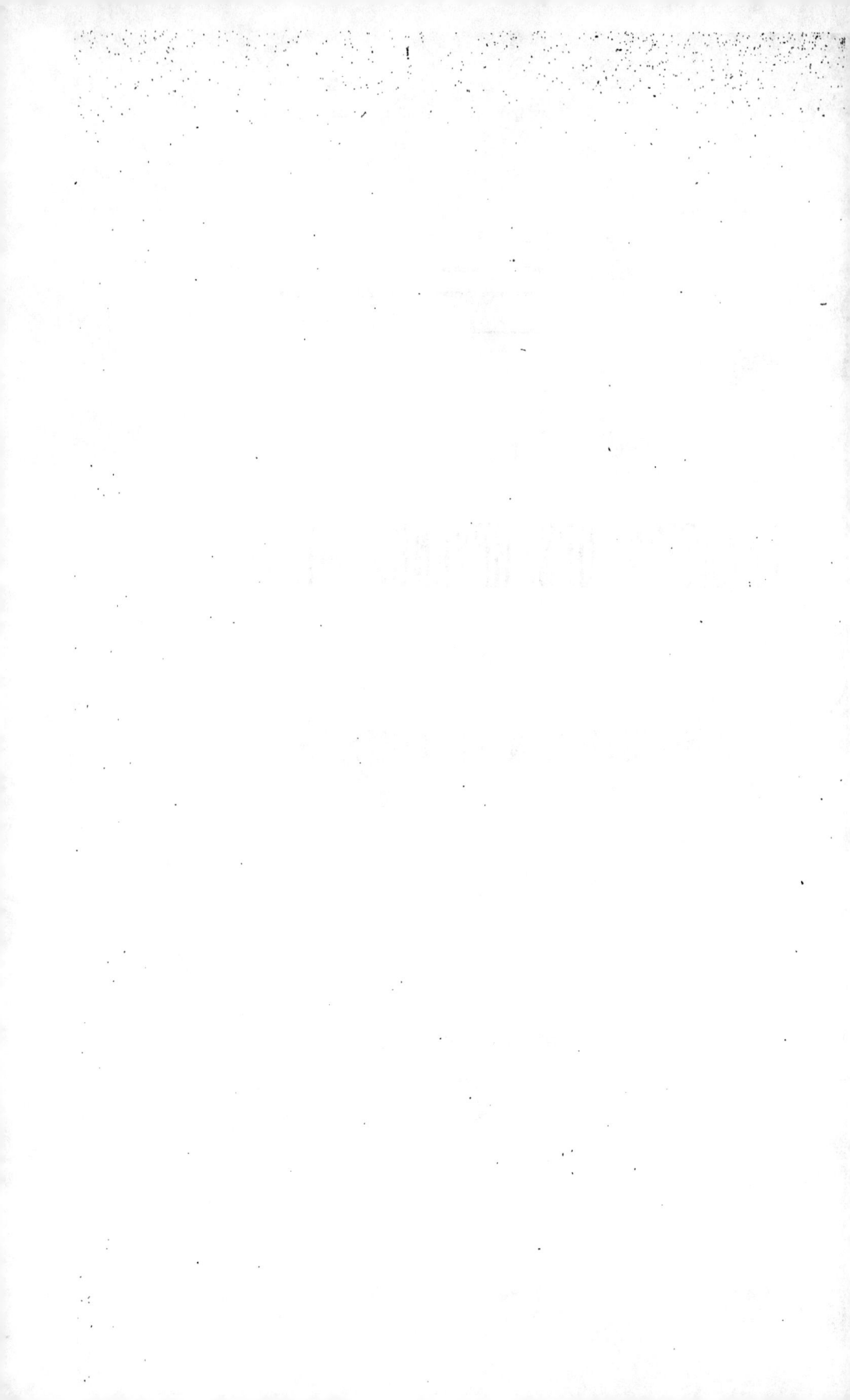

A LA MÉMOIRE

DE MON GRAND-PÈRE

EUGÈNE OZIOL

BIBLIOGRAPHIE

DOCTRINE

ANONYME. — La grande Encyclopédie, Groupe de savants.

ALLIX, Edgar. — Traité de la science des finances et législation financière. - Rousseau, 1912.

BOUCARD MAX ET JÈZE GASTON. — Législation financière.

BRESSON. — Histoire financière de la France, Paris, 1840.

BROCARD, Lucien. — Cours d'Histoire des doctrines économiques, 19.0-1911. — Cours d'Economie politique, 1906-1907, 1910-11, Nancy.

CASTILLON, Jules — Manuel formulaire de l'Enregistrement des Domaines et du Timbre. - 4ᵉ Ed. 1901. Chevalier Marescq et Cie.

DESSART. — Traité des Patentes.

ESMEIN. A. — Eléments de Droit constitutionnel français et comparé, Larose, 1909.

FOURNIER, Paul — Manifeste de la Ligue contre l'impôt sur le revenu et l'inquisition fiscale, 27, rue de Chateaudun, Paris.

HARISTOY, Jules. — L'impôt sur le revenu.

JAUVELLE (Lemercier de). — Traité alphabétique des Contributions directes.

JUHEL, Etienne. — La patente des grands magasins. Thèse, Caen, 1907.

LECOUTURIER, Emile. — Manuel pratique des Assemblées ordinaires et extraordinaires d'actionnaires. - Larose et Tenin, 1906.

LEROY-BEAULIEU, Paul. — Science des finances.

LYON-CAEN et RENAULT. — Droit commercial. Pichon, Paris, 1908.

MARTIN, Germain et POLIER, Léon. — Cours d'Economie politique, 1907-08, Dijon.

MÉGNIN Georges. Naissance, développement et situation actuelle de l'industrie horlogère. Thèse, Nancy, 1908.

PLANIOL, Marcel. — Droit civil. Pichon, Paris, 1906.

POTTIER, A. — Des sociétés commerciales. Guide pratique et formulaire, 2e Ed. — Librairie générale de droit, 1912.

ROUFFIE, Marcel et MOMMÉJA. - L'Impôt sur le revenu en Alsace-Lorraine. Rousseau, Paris 1910.

SAY, Léon. — Dictionnaire des Finances.

SAY, Léon et CHAILLEY. Dictionnaire d'économie politique.

STOURM, René. — Le Budget. Alcan, Paris, 1909.

Bibliographie historique des finances de la France au XVIIIe siècle.

TARDIEU, J. — Traité théorique et pratique des patentes. Larose, Paris, 1902.

DOCUMENTS ADMINISTRATIFS (Imprimerie nationale)

MINISTÈRE DES FINANCES :

Bulletin de statistique et de législation comparée.

L'impôt sur le revenu et les revenus. Notes réunies par la direction générale des contributions directes.— 1894.

Procès-verbaux de la commission extra-parlementaire de l'impôt sur le revenu. — 1894.

Statistique des patentes par professions et par catégories de cotes. — 1895.

Annuaire de l'administration des contributions directes — 1912.

Instructions et circulaires de l'administration des contributions directes. — 1843-1913.

MINISTÈRE DE L'INTÉRIEUR :

Bulletin des Lois.

MINISTÈRE DU TRAVAIL :

Annuaire statistique, 31e volume, 1911.

Recensement général de la France. Résultats statistiques. Tome I, 1re partie, 1906.

PÉRIODIQUES

L'Economiste français.

Revue des sciences politiques.

Revue d'administration.

Revue politique et parlementaire.

Recueil des arrêts du Conseil d'Etat.

Journal officiel.

INTRODUCTION

Les ressources des États modernes sont de trois
sortes : les emprunts, les revenus provenant de la propriété foncière et mobilière ou de l'exploitation industrielle et commerciale et les impôts.

Nous ne nous occuperons pas des deux premières :
de l'emprunt, car c'est une ressource exceptionnelle et
du revenu domanial ou industriel, car c'est un trop
faible appoint pour le Trésor. Nous étudierons au
contraire l'impôt. L'impôt est le grand pourvoyeur
des Finances publiques ; c'est la ressource normale
certaine, abondante du Trésor ; c'est le mode spécial
dont il est alimenté, un mode qui est bien à lui.
Quand il fait des emprunts et quand il touche ses revenus, l'État ne fait qu'agir à l'imitation des particuliers et il ne diffère d'eux à ce moment là que par l'am-
plitude qu'il donne à ses opérations. Au contraire

1

quand il perçoit l'impôt, il agit d'une manière spéciale qu'il a créée et qu'il est seul à pouvoir employer. Il agit en tant que souverain, et, en vertu des prérogatives qui sont attachées à ce titre, il ordonne aux citoyens de contribuer à la dépense totale du pays proportionnellement à leurs facultés. Voilà ce que c'est que l'impôt : c'est la part de chacun dans les dépenses du gouvernement.

Le tableau suivant montre la répartition des principaux budgets modernes entre les trois sources que nous venons de citer.

Tous les Etats font appel à l'impôt, et tous ont des impôts de deux catégories : des impôts directs et des impôts indirects. Les premiers sont perçus sur tous les citoyens à raison de leurs facultés c'est-à-dire des revenus dont ils jouissent, soit parce qu'ils sont propriétaires ou rentiers, soit parce qu'ils sont commerçants ou industriels, soit du fait de leur travail. Leur équité, théoriquement, n'est pas discutable puisqu'ils sont proportionnels aux facultés par définition. Leur établissement paraît être une application si logique de cette définition que l'idée d'une autre sorte d'impôt ne vient pas à l'esprit et qu'on se demande de quelle nature est cette autre catégorie, celle des impôts indirects; ou bien ils sont semblables aux impôts directs, ou bien ils sont injustes. Nous devons avouer que les autres impôts n'ont rien de comparable aux premiers et que leurs règles, leur assiette, leur jurisprudence, leur principe même ne sont pas semblables ; c'est avouer qu'ils ne sont pas justes. Alors

ETATS	EMPRUNTS		DOMAINE ET MONOPOLE		DIVERS		IMPOTS			%	TOTAL du BUDGET	
	PRODUIT	%	PRODUIT	%	PRODUIT	%	DIR.	INDIR.	TOTAL			
Allemagne.......	104	5	513	25	59	3	571	944	1512	67	2248	Marcs, 1.25.
Angleterre.......	55	29	19	10	2	1	33	79	112	60	188	Livres, 25.22.
Répub. Argentine.	2	2	32	32	2	2	4	60	64	64	100	Piastres, 5.
Belgique.........	—	—	258	53	4	1	58	167	225	46	487	Francs.
France	10	1	784	22	62	2	599	2028	2627	75	3483	Francs.
Italie	81	5	536	30	69	4	481	580	1061	61	1747	Livres, 1.
Japon..........	51	19	69	25	5	2	59	95	154	54	279	Yens, 2.58.
Russie	—	—	856	48	94	5	135	713	848	47	1798	Roubles, 2.67.
Serbie	—	—	31	43	4	6	19	18	37	51	72	Francs.
Suisse	—	—	53	50	3	3	—	49	49	47	105	Francs.
Proportion moy ..	....	6	....	34	....	3	......	......	......	57	100	

Les chiffres (sauf ceux des %) indiquent les millions d'unités. Ils sont tirés du *Bulletin de statistique et de législation comparée* du Ministère des Finances.

Sous le titre : DIVERS on a groupé les recettes d'ordre et par virements, les indemnités de certaines villes, les indemnités de guerre, les excédents des précédents exercices, ressources qui ne rentrent normalement dans aucune autre catégorie.

Ce sont les budgets des Etats seulement. Allemagne, France, Suisse, etc.

comment peut-on expliquer leur création et comment
subsistent-ils ? On les a créés par un acte de puissance
publique, plus absolu que celui qui a donné naissance
aux impôts directs, puisque cet acte ne reposait sur
aucune idée fondamentale. On les a conservés quand
même, car on s'est vite aperçu qu'ils étaient perçus facilement, qu'ils pesaient à peine sur les contribuables
ou, tout au moins, que ceux-ci n'en sentaient pas beaucoup le poids ; on a constaté qu'ils étaient très pro-
ductifs, qu'ils fournissaient sans effort les sommes
qu'on leur demandait et qu'ils étaient susceptibles de
plus-values abondantes. Voilà en résumé les raisons
pour lesquelles on voit subsister dans les budgets modernes les impôts directs dont la justice est évidente et
les indirects dont la productivité ne l'est pas moins.

Cette dualité éclaire d'un jour tout nouveau cette
question fiscale, elle nous fait mieux apercevoir la
lutte qu'elle suppose, les combats que l'Etat a livrés aux
contribuables pour leur faire accepter le principe d'un
impôt injuste, mais productif, et la revanche que les
contribuables ont prise sur lui en se faisant payer, pour
ainsi dire, leur adhésion par la promesse de l'établissement d'impôts directs équitables. Cette opposition n'a
pas cessé : encore maintenant, chacune des parties
reste sur le qui vive, chacune essaye d'obtenir un avantage sur l'autre, l'Etat en augmentant ses impôts indirects, les contribuables en demandant l'amélioration
de l'assiette des impôts directs.

Actuellement ce dernier parti paraît, en France au

moins, être désavantagé. L'Etat possède dans ses trois
grands impôts indirects, douanes, enregistrement et contributions indirectes proprement dites, un instrument fiscal d'un rendement merveilleux, puisqu'ils lui procurent
eux seuls 2.028 millions et qu'ils présentent chaque
année des plus-values importantes. Le parti contribuable au contraire peut être moins satisfait de son sort
car les impôts directs qu'on a établis sur lui ne répondent pas aux vœux qu'on avait formés ; ils ne sont pas
proportionnels aux facultés. Ils se composent de l'impôt foncier sur les immeubles bâtis et non bâtis, de la
contribution personnelle mobilière, de celle des portes
et fenêtres, de la patente, de la redevance des mines et
d'un certain nombre de taxes assimilées à ces contributions. Ce système n'est pas juste. Les savants, les lé-
gislateurs, la presse ont montré les inégalités qu'il comporte et ces défauts ont été tellement répétés et si souvent reproduits que c'est un lieu commun d'en parler.
Chacun d'ailleurs, si peu savant qu'il soit, a sous la
main, dans l'avertissement qu'il reçoit au commence-
ment de l'année, le moyen de constater la manière
dont il est taxé et de voir si cette taxation varie avec sa
fortune dans les fluctuations qu'elle peut subir, si elle
accuse des différences avec celles des personnes dont
la situation est différente de la sienne. Chacun a pu
faire cette comparaison, et, dans beaucoup de cas, il
n'a pas manqué de constater ces différences et de s'en
affliger.

Les inégalités les plus choquantes viennent de deux

sources principales : 1° de ce que certains impôts directs
sont injustes dans leur principe, ou se superposent ;
2° de ce qu'il y a des revenus qui ne sont atteints par
aucun impôt ; surabondance d'une part et pénurie de
l'autre.

Parmi les revenus non taxés, il y a les créances hypothécaires (qui ne sont soumises qu'à des impôts indirects d'enregistrement et de timbre), les revenus de
l'agriculteur [1] et les valeurs mobilières étrangères qui
ne sont pas cotées à la Bourse. Parmi les impôts
injustes dans leur principe, on peut mentionner la patente qui ne porte que sur des présomptions, la contribution des portes et fenêtres qui n'est fondée sur rien,
la contribution personnelle — mobilière qui ne tient pas
compte, dans la plupart des communes, des charges de
famille et qui prend brutalement le loyer comme l'indice le meilleur des situations de fortune, l'impôt foncier (non bâti) qui par son mode de répartition et son
éternelle fixité contient des inégalités de taxation du
simple au décuple. Les impôts directs qui se superposent en partie sont l'impôt foncier (bâti) et les portes et
fenêtres, la personnelle-mobilière et la patente sur
l'habitation.

De cet enchevêtrement d'inégalités en divers sens,
de la coïncidence possible d'exemptions cumulatives et
de superpositions également cumulatives, il résulte des
différences de taxation énormes, qui atteignent quel-

---

(1) Exemptés (Loi de patente du 15 juillet 1880. art. 17, § 3).

quefois la proportion de 1 à 20 et à 30. Un tel système d'impôts n'est pas supportable.

On s'en est aperçu de bonne heure, et on s'est inquiété depuis longtemps de cette situation : mais depuis que les charges se sont accrues et que les impôts en augmentant ont rendu les inégalités plus évidentes, on s'est occupé plus spécialement de trouver des remèdes à cette situation.

Depuis vingt ans de très nombreuses combinaisons ont vu le jour ; tous les projets possibles ont été faits et les plus extraordinaires, les moins applicables ont trouvé des auteurs pour les exposer ; un moins grand nombre a retenu l'attention du législateur, quelques-uns sont venus en discussion : un seul a été voté par la Chambre des députés (1), mais aucun n'a été mis en application.

La plupart de ces projets font appel à un principe tout à fait opposé à celui qui régit nos impôts directs actuels, régime de la présomption. Cette méthode est mauvaise, mais comme elle est naturelle ! Quand on réforme, c'est pour changer, et non pour modifier : une modification a trop l'air d'un replâtrage, d'une mesure transitoire incomplète et hâtive. Un changement radical, au contraire, a pour lui l'opinion publique et, à défaut d'autres qualités, il possède au moins celle-là ; c'est beaucoup dans un gouvernement démocratique.

Actuellement on taxe le contribuable sur son revenu présumé, dénoncé par des indices. Cette manière d'o-

_____

(1) Projet Caillaux, voté le 10 mars 1909 par la Chambre des députés.

pérer conduit aux inconvénients que nous avons vus,
mais elle est sage en ce sens qu'elle ne viole aucune-
ment la liberté des citoyens et qu'elle n'exige d'eux
aucune déclaration. De cette façon l'administration s'é-
vite l'ennui d'être grugée par de fausses déclarations
et elle ne tente pas la conscience du contribuable en
lui faisant entrevoir la récompense possible du men-
songe dans la faculté que chacun aurait, dans le système de la déclaration, de ne rien payer en déclarant
qu'il n'a aucun revenu.

Les projets nouveaux ne conservent rien des anciens
procédés ; ils renoncent aux indices pour trouver le
revenu, et comme il faut bien qu'on le connaisse ce
revenu, ils n'ont d'autre moyen que de le demander au
contribuable lui-même. Tous les projets d'amélioration
ont recours à ce procédé et ils placent tous en tête de
leurs règles l'obligation de la déclaration, sanctionnée
par des amendes et des peines diverses. D'après ces
projets, chaque contribuable serait obligé d'indiquer,
d'une manière détaillée, les revenus qu'il possède et la
source qui les produit. C'est très gênant et les conséquences de cette mesure s'étendent très loin. D'abord
avec la déclaration obligatoire, c'est une parcelle qui
s'en va de cette liberté si chère à l'homme à en ju-
ger par les guerres intérieures et extérieures auxquelles sa revendication a donné naissance ; en tout
temps on trouve les traces de ces luttes, des traités
et des lois qui les ont terminées ou qui en ont empêché le renouvellement ; l'histoire universelle n'est que

de l'histoire des luttes pour la liberté. Nous en avons
péniblement acquis une dose convenable de cette liberté
et, au moment où nous allons recueillir le fruit de nos
luttes séculaires, nous l'aliénerions volontairement !
Nous aurions la maladresse de nous en dépouiller et
de livrer ce trésor à l'État, c'est-à-dire de le publier,
de le porter à la connaissance de nos concurrents, de
nos ennemis ! Voilà le premier inconvénient grave. Il y
en a un autre. Quand le fisc aura la déclaration des
contribuables, il la vérifiera et s'il reconnaît ou croit
reconnaître qu'elle est fausse, il invitera le déclarant à
se présenter avec elle devant un tribunal, à la décision
duquel tous deux s'en rapporteront. Ce sera une nouvelle intrusion à supporter; une nouvelle parcelle de liberté aura été aliénée.

Tous les projets sont d'accord jusque-là ; ils exigent
tous la déclaration du contribuable, ils prévoient une
vérification et ils instituent tous un tribunal. Mais à ce
moment les opinions se divisent. Les auteurs les plus
libéraux donnent au tribunal une constitution impartiale, naturellement, mais ils le dotent en majorité de
membres qui, par leur situation ou leurs mœurs, seront
favorables au contribuable ; ils exigent en outre que
l'État fasse le premier la preuve de ce qu'il avance et
que ces preuves soient convaincantes et formelles. Ce
premier système est très favorable à la liberté individuelle ; le contribuable y est défendeur ; il a le beau
rôle. Au contraire, les intérêts du Trésor sont sacrifiés
puis qu'ils sont subordonnés presque totalement à la

sincérité des déclarations, c'est-à-dire à la moralité des
déclarants. C'est de la morale, ce n'est pas du droit. Les
autres projets donnent au tribunal une constitution
impartiale également, mais les membres favorables à
l'administration y sont en majorité ; d'autre part, ils
n'accordent plus à la déclaration du contribuable qu'une
valeur indicative et c'est la taxation établie par l'administration, c'est-à-dire la déclaration du contribuable
retouchée par l'administration, qui constitue la première preuve ; c'est au contribuable à détruire ce qu'on
lui propose et à faire la preuve, par des moyens con-
vaincants, de l'inexactitude de la taxation adminis-
trative. Dans ce deuxième système la cause du contribuable est peu favorisée ; il a contre lui la loi et
les juges. S'il arrive à triompher, ce sera au prix de
quels aveux et de la divulgation de quels secrets ?

Telles sont les institutions qu'on a proposées pour
remplacer le système indiciaire ; elles sont loin d'être
parfaites comme on peut s'en rendre compte et aucune
d'elles n'est de nature à satisfaire à la fois Etat et contribuable ; on dirait que le destin se joue des prévisions
humaines et qu'il ne leur fait entrevoir une amélioration partielle que pour leur montrer d'autre part une
aggravation. Certainement le système *revenu* à des qualités que le système indiciaire ne possédait pas. Il peut
aboutir à des taxations très exactes, quand la sincérité
des contribuables coïncide avec l'impartialité des juges.
Mais quand ces deux conditions ne sont pas remplies ou
que l'une fait défaut, on n'obtient plus qu'une solution

approchée, dans le genre de celles que fournit le procédé actuel. Est-ce la peine d'abandonner ce vieux procédé si l'on ne doit pas trouver mieux dans de nouvelles institutions?

La difficulté vient de deux choses : d'abord de ce
qu'il n'y a que deux systèmes d'impôts directs, le système indiciaire et celui de la taxation du revenu sur
déclaration ou d'office. La sagesse des nations n'en a
pas trouvé d'autres et tous ceux qu'elle a échafaudés
se ramènent à l'un d'eux. Pourtant il y en a eu des
centaines de ces systèmes échafaudés, il y en a eu autant
que de peuples, autant que de gouvernements dans le
même peuple, autant que de chefs dans chaque gouvernement; car s'il est une loi générale, qu'aucun groupe-
ment ne peut vivre sans ressources, c'est-à-dire sans
impôts, il en est une autre aussi vraie, c'est que chaque
homme d'état a voulu attacher son nom à une réforme
du système financier de son pays. Tous les systèmes se
ramènent aux deux types que nous avons cités et ce
serait imagination que de vouloir en trouver un troisième qui soit original.

La difficulté vient aussi de ce qu'ils sont tous deux
également imparfaits, quoiqu'ils le soient à des points
de vue différents. Le premier, qui sauvegarde dans de
larges proportions l'indépendance du contribuable, n'est
pas juste : il fait l'effet d'un filet aux mailles tantôt
larges, tantôt étroites, qui laisse ici s'échapper les plus
grosses proies et retient ailleurs même les plus petites.
Le deuxième système est aussi imparfait, mais pas de

la même manière. Il est incontestablement plus juste
que l'autre, mais comme il fait payer cher la justice
qu'il distribue! C'est au prix d'une inquisition minutieuse, de formalités continuelles qu'on l'obtient cette
justice! Ici les mailles du filet sont uniformes, mais elles
sont uniformément étroites. Il y a moins d'échappa-
toire, soit; mais la prison est-elle plus douce! Comme
on sent au contraire que ce filet vous retient, comme
on sent qu'il resserre chaque jour son étreinte et qu'on
ne peut lui échapper! Le deuxième système est difficilement supportable.

Alors comment se décider? Et d'abord comment s'est-
on décidé? Pourquoi certaines nations ont-elles adopté
le système indiciaire et d'autres celui de la taxation
d'office, puisque tout compte fait, l'un et l'autre méri-
tent la même note, une note moyenne, ni bonne, ni
mauvaise et qu'aucun n'est supérieur à l'autre? La
chose s'est-elle faite au hasard? Nous ne le croyons pas.
Nous voulons bien admettre que les motifs n'ont pas
été très déterminants et que les raisons ne furent pas
toujours décisives, mais ces motifs et ces raisons ont
existé. Il nous semble que, dans cette alternative, les
considérations historiques ont dû peser fortement ainsi
qu'une préférence personnelle et impulsive, un attrait
inexpliqué venant des profondeurs de l'inconscient; nous
croyons qu'au moment du choix les traditions séculaires
ont agi et qu'elles se sont traduites dans cette balance
entre un système sauvegardant la justice et un système
sauvegardant la liberté, dans un cas par un penchant

un peu plus vif pour la liberté, dans l'autre par un plus grand amour de la justice que, dans ce combat moral ; où un principe devait nécessairement être sacrifié à l'autre, les uns ont immolé leur amour de l'équité, les autres leur indépendance; que certains ont dit: plutôt un impôt injuste mais qui nous laisse libres ! et les autres : qu'importe notre assujettissement pourvu que le fardeau pèse également sur tous !

Nous avons montré d'où venait la difficulté, nous voulons expliquer pourquoi on ne l'a pas résolue plus tôt. Si on n'a pas trouvé la solution, c'est que pendant très longtemps on ne l'a pas cherchée. Pendant toute l'antiquité, pendant le moyen âge et aux temps modernes, rien n'a été fait dans ce sens. A ces époques, la liberté n'existe pas; pas de liberté politique, ni de liberté religieuse, ni de liberté financière. La liberté alors est un mythe dont la réalisation semble imaginaire ou au moins très reculée. En matière financière, c'est la taxation d'office qui règne uniformément; elle remplit son rôle le mieux du monde et elle satisfait si bien les gouvernements absolus qu'ils ne songent pas à la remplacer. Quel intérêt y auraient ils ? Les contribuables seuls y trouveraient leur avantage et sans doute ils souhaitaient ce changement, mais comme ils n'avaient pas voix délibérative ni même consultative, leurs doléances n'avaient aucune suite. A cette époque donc, le problème financier qui nous occupe ne se pose même pas.

Ce n'est qu'au moment où la liberté apparaît dans le monde, c'est-à-dire depuis 1789 pour la plupart des

pays civilisés et un siècle plus tôt pour l'Angleterre,
qu'on commence à s'occuper de la question. Et encore
n'est-elle à envisager que pour ceux de ces pays qui sont
en tout ou en partie maîtres de leurs destinées. Mais
ceux-là même sont dirigés par des assemblées délibé-
rantes qui sont issues d'eux, qui en sont l'image fidèle,
qui représentent leurs électeurs avec leurs qualités,
mais aussi leurs préjugés et leur état d'esprit. Or la
foule se plait dans l'absolu (Schérer), le peuple, dans sa
franchise, aime la clarté. Ses préférences le portaient
vers quelque chose de simple, vers un mécanisme com-
mode et facilement compréhensible, vers un système
ordonné, régulier, classifié. Il rejetait d'avance et avant
examen, toute tractation mitoyenne et complexe. Ins-
tinctivement, il s'est décidé pour la loi théorème, la loi
logique, pour la loi dont l'application serait comparable
par son automatisme et sa simplicité au déclanchement
d'une mécanique. De ces lois théorèmes, il n'y avait
que deux sortes, le système indiciaire et le système de la
taxation. Il a cru ou voulu croire que chaque système
financier forme un tout, un tout qu'on ne peut améliorer
sans le détruire. Il s'est figuré ces systèmes comme des
ensembles parfaitement constitués et indivisibles qu'il
faut adopter en bloc ou rejeter en entier. Il n'a pas
voulu de ces demi-mesures, de ces justes milieux, de ces
combinaisons bâtardes et mal équilibrées qu'il juge ne
devoir donner qu'un produit boiteux et prêter à toutes
sortes de compromis. Son esprit entier le portait vers
l'adoption complète de l'un des deux et c'est ce qu'il a

fait. Limitant ainsi ses recherches au domaine de l'absolu, il ne pouvait arriver à la solution.

Nous croyons en effet que la solution se trouve dans
ce domaine intermédiaire, fait de combinaisons et d'à
peu près, où l'esprit populaire n'a jamais voulu pénétrer
par crainte, par ignorance et par préjugé. La vérité
est relative, compliquée, elle procède d'éléments divers ;
on ne l'exprime pas dans une formule laconique, précise et nette, mais par une idée générale, tempérée par
des si et des mais, alourdie par des restrictions et
semée d'exceptions.

Nous avons cherché la solution du problème financier
avec ces principes comme guides, et là où nos devan-
ciers croyaient trouver l'erreur, il nous semble avoir
découvert une voie. Nous avons eu l'idée d'établir un
mode intermédiaire de taxation qui ne soit ni celui des
signes extérieurs, ni celui de la taxation d'office, qui
procède de l'un et de l'autre et qui se rattache aux deux
par les emprunts qu'il leur fait. Ce mode d'imposition
aurait surtout l'avantage d'acclimater chez nous le système de la taxation d'office, de nous déshabituer peu à
peu du système indiciaire et de montrer aux Français
que le salut financier peut, sans trop de risques pour
l'Etat, ni trop de gêne pour le contribuable, être trouvé
hors de la voie suivie depuis la Révolution.

La solution complète du problème financier consis-
terait dans la réforme également complète de nos impôts directs. Les impôts directs, nous l'avons vu, sont
établis dans le but d'atteindre les revenus à leur source,

c'est-à-dire d'atteindre dans une même proportion tous les revenus. On a pu constater par les remarques que nous avons produites plus haut, que les nôtres ne satisfaisaient pas à ce double but : ils ne sont en effet ni complets, ni proportionnels. Or il faut souhaiter qu'ils le deviennent. Nous allons exposer ce que nous croyons nécessaire de faire pour cela.

Nous limitons notre étude à la réforme de la taxation des revenus mixtes et nous laissons de côté celle des revenus provenant soit du capital seul, soit du travail seul.

Les revenus mixtes sont ceux qui proviennent de la collaboration du capital et du travail. Les professions dans lesquelles le capital est mis en œuvre par le travail sont celles qu'on appelle commerciales, industrielles, agricoles et la plupart des professions libérales. Tout commerce suppose en effet un capital d'exploitation ou de roulement, l'industrie et la culture également ; quant aux professions dites libérales, la plupart s'achètent et toutes ont besoin d'un capital initial matériel ou intellectuel.

Les revenus mixtes agricoles sont distincts de ceux du capital foncier. Soit une ferme de 40 hectares louée 3.000 francs ; le revenu net du capital du propriétaire de cette ferme est d'environ 2.400 francs (1). Mais le fermier ou le métayer qui exploite le domaine jouit également d'un revenu qu'on obtient en retranchant du

---

(1) Si l'on évalue au tiers de la valeur locative comme l'a fait le législateur français (loi du 31 décembre 1907), les frais de drainage, d'assurance et d'entretien, les risques de non paiement... .

produit net de la terre le prix du fermage. C'est le revenu mixte agricole, produit par l'application à la terre du travail de l'homme.

Nous proposons d'évaluer ce revenu d'une manière fixe au 1/3 de la valeur locative (1) et d'appliquer à ce chiffre le même taux de taxation que celui qui sera fixé plus loin pour la patente.

Quant aux autres revenus mixtes, nous proposons de régler leur imposition d'après le système suivant : imposition d'après les signes extérieurs, extension des droits du contrôleur dans l'application du tarif, déclaration facultative du revenu.

1° IMPOSITION D'APRÈS LES SIGNES EXTÉRIEURS

C'est le principe de notre système. Nous l'avons adopté, car c'est celui qui fonctionne actuellement et depuis plus d'un siècle. On l'a critiqué, on le critique tous les jours, mais on est d'accord pour reconnaître qu'il laisse beaucoup de liberté au contribuable ; c'est un avantage appréciable qu'il importe de conserver.

On établira pour chaque profession la taxe dont elle sera débitrice envers le trésor, cette taxe étant calculée sur le revenu probable moyen de cette profession ; mais comme cette base est très indécise, on la modifiera en raison des considérations suivantes :

a) Eu raison des conditions dans lesquelles la profes-

(1) Income tax.

2

sion s'exerce : vendre en gros, en demi-gros, en détail, avoir boutique ou magasin, travailler pour son compte ou à façon, employer des procédés ordinaires ou mécaniques, etc.

b) En raison du nombre des établissements de vente; car la multiplicité des succursales, par la diminution des frais généraux, est l'indice d'un accroissement plus que proportionnel des bénéfices.

c) En raison de la population du lieu où la profession s'exerce, les bénéfices étant en rapport avec la clientèle et celle-ci variant avec la population.

d) En raison du nombre des employés, ouvriers, machines ou autres éléments de production.

e) En raison de la valeur locative de l'habitation d'une part, des locaux commerciaux, industriels et professionnels d'autre part.

f) Et pour certaines professions (grands magasins, marchands forains, voyageurs) en raison de considérations spéciales.

Ainsi modifiée, triturée sous l'action de ces facteurs notre base primitive, auparavant vague et indéterminée a pris forme peu à peu. Elle est devenue plus souple, plus apte à remplir son rôle : elle se moule mieux maintenant aux mille sinuosités de la vie; elle commence à en épouser la forme, et, telle qu'elle, elle est déjà à peu près en état de fonctionner (1).

_____

(1) D'ailleurs elle fonctionne sous le nom de loi de patentes. La loi que nous avons tracée, c'est la patente à peine complétée par une généralisation à toutes les professions des signes extérieurs déjà trouvés et par la création de quelques nouveaux indices.

2° Extension des droits du Controleur

Cependant, au fonctionnement on aperçoit des défauts, des inexactitudes, un manque de souplesse et d'élasticité. Les règles qu'on met en jeu sont fixes ; elles s'appliquent automatiquement, en vertu d'un tarif invariable et sans considération de la personne du contribuable. C'est l'impôt réel dans sa logique, c'est le déclanchement de la mécanique. Mais pour séduisant que soit cet automatisme, il ne va pas sans défauts. Il laisse de côté toutes sortes d'éléments importants de la prospérité commerciale, tels que le savoir faire, l'intelligence, la veine surtout, ce facteur essentiel. On ne peut nier l'importance de ces éléments. Ils modifient dans une forte proportion le montant des bénéfices et ils ont un effet réel. Mais on ne peut nier non plus qu'ils ne peuvent être renfermés dans une formule et que les signes extérieurs par lesquels ils se dénoncent sont trop ténus pour être érigés en tarif. Pourtant ces signes extérieurs existent et on constate de près, mais de près seulement, leur existence à une manière d'être plus dégagée, à un regard moins soucieux, à un langage plus alerte, à toutes sortes d'autres indices dont le rapprochement fait naître une idée générale précise et de laquelle un agent expérimenté peut conclure à la prospérité ou à la décadence d'une entreprise. Comme c'est sur les lieux seulement qu'on peut constater ces choses, nous proposons de laisser à l'agent de l'assiette qui va sur les lieux, après l'application automatique du tarif, la liberté d'en abaisser ou d'en relever le taux selon l'opinion qu'il se fait de la situation du contribuable. Mais pour que les intérêts de celui-ci ne soient pas complètement entre ses mains, pour qu'ils y soient même le moins possible, nous limitons l'étendue du pouvoir personnel de l'agent à 10 % en deçà et au-delà du tarif et nous admettons la possibilité d'un recours devant un tribunal spécial impartialement constitué.

3° Déclaration facultative du revenu

Enfin, un troisième remède est prévu au cas où les deux précédents ne suffiraient pas et où l'égalité de la taxation, malgré ces précautions, ne serait pas obtenue. Les contribuables qui ne craindront pas de se soumettre aux vexations que comporte le système de la taxation d'office et qui désireront, même au prix d'une inquisition minutieuse, recourir à ce mode de taxation, pourront contracter un abonnement de trois ou de cinq ans à ce système. Il paraît juste en effet de leur permettre d'user de cet équitable mode d'imposition dont le principal tort est de sacrifier la liberté individuelle ; mais l'Etat n'a pas pour mission de faire le bien des citoyens malgré eux ; s'ils veulent sacrifier leur liberté, pourquoi les empêcher, pourquoi, au nom de cette liberté même, leur en interdire le premier usage ?

Nous voyons également dans cette déclaration facultative avec abonnement un moyen pour l'administration d'améliorer le tarif des signes extérieurs. En comparant annuellement la déclaration du revenu des commerçants abonnés avec les revenus supposés qu'accuse au taux de 3 %, par exemple, l'imposition d'après les signes extérieurs, elle pourra opérer des rapprochements utiles et modifier en conséquence les éléments de la patente.

Nous allons examiner séparément ces trois propositions ; nous nous demanderons d'abord si elles peuvent fonctionner simultanément; dans le cas de l'affirmative, nous examinerons les répercussions qu'elles peuvent avoir pour le fisc et pour les assujettis.

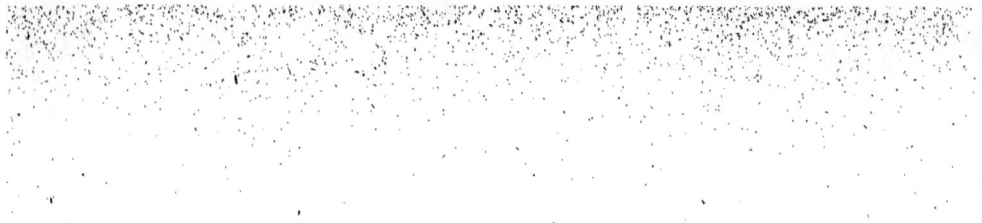

PREMIÈRE PARTIE

IMPOSITION AU MOYEN DES SIGNES EXTÉRIEURS

SECTION Ire

Le régime actuel

————

Dans l'état actuel de la législation, l'imposition des revenus mixtes au moyen des signes extérieurs s'opère de l'une des quatre manières suivantes selon qu'on a affaire à des revenus provenant du commerce, du haut commerce et de la banque, de l'industrie ou des professions libérales.

1° Commerce

Exemple : marchand bottier (celui qui tient un magasin de chaussures). Les marchands bottiers sont rangés dans la 4ᵉ classe du tableau A (ce tableau a 8 classes de professions). Le contrôleur s'assure d'abord s'il a bien affaire à un marchand bottier, si celui-ci ne vend pas en gros, auquel cas il serait passible d'un droit plus élevé ou, au contraire, s'il ne fabrique pas lui-même les chaussures qu'il vend, ces derniers droits étant inférieurs. Quand la profession est établie, le marchand

est soumis *ipso facto* à un droit professionnel invariable qui est de 12 francs dans les communes de moins
de 2.000 habitants, de 15 francs dans celles de 2.001
à 5.000, de 20 francs dans celles de 5.001 à 10.000,
de 75 francs dans celles de plus de 100.000.

En sus de ce droit fixe, les marchands bottiers sont
soumis à un droit proportionnel qui est le 30ᵉ de la
valeur locative des locaux qu'ils occupent, tant pour
leur habitation que pour l'exercice de leur commerce.

2° Haut commerce et banque

Exemple : banquier. Le Conseil d'Etat a appelé banquier celui qui prend des effets à l'escompte et donne
du papier et des lettres de crédit sur toutes villes, soit
de l'intérieur, soit de l'étranger ; il a ainsi distingué
cette profession de celle d'escompteur, celui-ci limitant ses opérations à la place où il réside. Les banquiers
sont assujettis à un droit professionnel de 200 francs ;
ce droit est élevé à 300 francs quand la profession est
exercée dans une ville qui a un entrepôt réel, à 400
francs dans celles de 30.001 à 50.000 h., à 2.000 fr. à
Paris ; pour chacune de ces catégories il est rehaussé
de 1/2 pour les banquiers dont les opérations compren-
nent l'émission des titres d'Etats étrangers, de sociétés,
compagnies et villes étrangères et pour ceux qui se
chargent du paiement des intérêts et dividendes des-
dits titres pour le compte de ces mêmes Etats, sociétés,
compagnies et villes. — Les banquiers doivent aussi une
taxe par personne employée au-dessus de 5 aux écri-

tures, aux caisses, à la surveillance, aux achats et aux ventes intérieures ou extérieures. Cette taxe est de 10, de 15, de 20, de 50 francs par personne selon la même gradation que ci-dessus. Elle est doublée quand le nombre des employés dépasse 200 et triplée quand il dépasse 1.000.

Il est ajouté aux précédents un droit proportionnel qui est le 10e de la valeur locative des locaux occupés, tant pour leur habitation personnelle que pour l'exercice de leur commerce.

3° Industrie

Exemple : fabricant de chocolat par procédés mécaniques. Les individus ou sociétés qui exercent cette profession payent d'abord un droit professionnel de 5 francs plus 4 francs par ouvrier, 6 francs par meule, cylindre ou machine analogue existant dans les appareils à broyer et 6 francs par appareil à mélanger, quelle que soit la population du lieu où ils résident.

Ils supportent en outre un droit proportionnel qui est le 20e de la valeur locative de la maison d'habitation et le 40e de la valeur locative de l'établissement industriel. Dans ce dernier chiffre, on comprend non seulement la valeur locative des locaux, mais aussi celle de tous les ustensiles, machines et appareils qui les garnissent et qui concourent directement ou indirectement à la production.

4° Professions libérales

Elles supportent un seul droit qui est du 12ᵉ ou du 15ᵉ de la valeur locative des locaux occupés.

Voilà quelles sont les quatre manières qu'on emploie actuellement pour établir les impositions ; la première s'applique à la catégorie la plus nombreuse des commerçants, au commerce de gros, de demi-gros, de détail et de petit détail ; elle comprend environ 1700 professions, la deuxième en comprend 33, la troisième environ 340, la dernière 17.

En comparant ces quatre exemples et les analogies qu'ils présentent, on remarque que la taxation comporte la plupart du temps trois sortes de droits : 1° un droit professionnel, droit fixe, invariablement établi qui est de 12 fr. par exemple pour les marchands bottiers, de 200 fr. pour les banquiers, de 5 fr. pour les fabricants de chocolat ; 2° un droit par élément de production qui est de 10 fr. par employé pour les banquiers, de 4 fr. par ouvrier et de 6 fr. par machine pour les fabricants de chocolat ; 3° un droit locatif qui est le 30ᵉ pour les marchands bottiers, le 10ᵉ pour les banquiers, le 20ᵉ et le 40ᵉ pour les fabricants de chocolat, le 12ᵉ ou le 15ᵉ pour les professions libérales.

Que signifient ces trois sortes de taxes ? On a dit qu'individuellement elles ne signifiaient rien ou presque rien, que c'étaient des signes, des nombres abstraits,

qui n'avaient pas de valeur par eux-mêmes, et qui n'en
acquéraient que par leur assemblage. On a dit qu'il
suffisait, pour que l'assemblage prît une valeur, que
chaque signe nouveau agît dans le même sens que celui
auquel il s'ajoutait. Voilà le seul rôle que jouent les
signes, selon les uns. Le raisonnement est juste en partie
et on le vérifie aisément quand il s'agit par exemple
d'une profession dont la taxation comporte l'emploi de
trois ou quatre signes extérieurs (ex. : fabricant de chocolat). Il est vrai dans ce cas que chaque signe corrige
et modifie les autres et que l'ensemble de leurs actions
mutuelles contribue à l'établissement d'une imposition
à peu près juste. Mais que dire des professions (et elles
sont nombreuses) dont la taxation est complètement
obtenue par l'application de deux taxes seulement (le
droit professionnel et le droit locatif) ou même d'une
taxe unique (droit locatif). On peut admettre à la rigueur que le droit locatif modifie les données trop absolues, trop grossières, du droit professionnel. Mais
celui-là qui ne modifie rien, qui est modifié au contraire
par l'autre, c'est la base, c'est un point de départ qui a
nécessairement une signification en lui-même et en
dehors de toute comparaison. Ce que nous disons de ce
signe initial dans les professions de la première catégorie, est aussi vrai quand il est employé dans les professions des autres catégories ; seulement, dans celles-là,
ses effets sont moins visibles. La question se pose donc
de savoir ce que signifient ces taxes en elles-mêmes.

1° *Taxe fixe (Droit professionnel)*. — **La** première,

la taxe fixe, nous l'avons dit, est la base même du système ; le marchand bottier, quel que soit le logement
qu'il occupe, paiera toujours 12 fr.; le banquier, même
s'il a moins de 5 employés, paiera toujours 200 fr.;
le fabricant de chocolat, même s'il n'a pas d'ouvrier,
paiera toujours 5 fr. C'est donc la caractéristique de la
profession, elle indique son rang dans le classement par
ordre de revenu croissant ; elle signifie que du fait d'e-
xercer dans les conditions les plus modestes le métier de
bottier, de banquier, de fabricant de chocolat, il résulte
nécessairement un bénéfice et que le bénéfice moyen de
ces trois professions exercées dans les conditions que
nous avons dites est dans la proportion 12-200-5 Voilà
les deux principes que suppose l'existence du droit professionnel. Examinons s'ils existent réellement et s'ils
existent dans cette proportion.

Il est nécessaire que nous examinions s'ils existent
toujours et s'ils existent toujours dans la même proportion 12-200-5 si nous voulons être logiques et faire
peser un fardeau également lourd sur des choses également capables de le supporter ; car, lorsque la loi
prescrit d'imposer un droit professionnel, elle n'admet
pas de restrictions et ne permet pas qu'on l'augmente,
qu'on le diminue ou qu'on le supprime, sous prétexte
que la profession à laquelle il s'applique a donné cette
année là des bénéfices importants, faibles ou nuls. Elle
prescrit d'employer toujours le même mode de taxation
et ce mode ne sera justifié qu'autant qu'on pourra op
poser à cette fixité de l'imposition la fixité des bénéfices,

la loi ne pouvant justement demander quelque chose
qu'à celui qui la possède, cette chose. Autrement dit,
cette base suppose que le commerçant est aussi sûr
d'avoir un revenu, qu'il est sûr d'être taxé. C'est tout
à fait faux et il est malheureusement évident qu'il n'y a
pas concordance entre ces deux choses et que s'il est
certain que l'Etat percevra son imposition, il n'est pas
certain que le commerçant aura le revenu sur lequel
porte cette imposition. Négligeons le cas du commerçant qui crée un établissement dont la prospérité
est tout à fait impossible à prévoir. Envisageons la
situation de celui dont le commerce fonctionne depuis
plusieurs années. Celui-là même n'est jamais sûr d'avoir
un revenu, car ce revenu dépend de l'existence d'une
clientèle, et la clientèle elle même est déterminée par
la situation du magasin, l'achalandage, la personne du
commerçant, ses prix de vente. Ces prix sont fonction
de ceux du marchand en gros qui sont en rapport avec
ceux du fabricant, et ces derniers dépendent du prix de
la main d'œuvre et de la matière première, encore ces
deux éléments, main d'œuvre et matière première, auxquels nous nous arrêtons, sont-ils eux mêmes fonction
d'autres facteurs. Dans bien des cas assurément (et il
est difficile d'employer un terme moins vague), le
commerce, l'industrie, les professions libérales donnent
un revenu ; on peut même dire que les connaissances
professionnelles et l'intuition de l'entrepreneur l'aident
à donner à ce revenu plus de fixité, plus de régularité ;
mais le hasard viendra toujours détruire ou modifier les

prévisions et rappeler à l'entrepreneur qu'il a compté
sans lui. Ainsi l'Etat, quand il emploie le système indiciaire suppose que tous les commerces sont prospères
et ils ne le sont pas tous ; il lait comme s'ils l'étaient
toujours et ils ne le sont pas toujours. La base du système indiciaire repose donc sur deux idées généralement vraies, mais souvent fausses.

Nous sommes ainsi amenés à conclure à la suppression ou, tout au moins, à la modification de la base
La supprimer, ce serait supprimer le système ; or nous
avons donné plus haut les raisons qui nous ont conduit à l'adopter ; nous devons donc seulement réduire la
base, la réduire jusqu'au terme immédiatement supérieur à sa disparition. Le défaut théorique restera toujours, mais il sera réduit à des proportions infimes et il
sera pratiquement invisible et inoffensif. C'est d'ailleurs
tout ce que demande la science financière, cette science
qui est avant tout pratique et qui s'inquiète peu des
formules tant que les actes ne les ont pas sanctionnées.
Le but de cette science étant de trouver les moyens de
faire rentrer le moins injustement et de la manière la
moins vexatoire le plus d'argent possible dans les caisses du Trésor, il nous semble que par cette réforme
nous diminuerons un peu l'injustice, que par conséquent nous aurons satisfait à une partie du programme qu'elle propose.

Nous venons de voir qu'il n'est pas toujours sûr qu'une
profession produise un revenu, il n'est pas plus sûr que
les revenus soient dans la proportion 12 200·5 s'il s'agit

d'un marchand bottier, d'un banquier et d'un fabricant
de chocolat, ceci se comprend de soi-même et résulte
de ce que nous avons dit. Le revenu moyen de chaque
profession étant impossible à fixer d'une manière certaine, il suit que la même impossibilité s'oppose à la
gradation de ces revenus les uns par rapport aux autres ;
mais de même qu'il y a au fond de l'établissement du
droit professionnel une idée généralement vraie, il y en
a une aussi généralement vraie dans la création de cette
gradation. Les chiffres 12-200-5 ne signifient pas que
la moyenne des bénéfices de ces trois professions est
toujours dans cette proportion, mais que, dans les fluctuations diverses, même non simultanées, dont les revenus moyens de ces professions sont l'objet, la proportion
12-200-5 se retrouve plus souvent que les autres et dans
un plus grand nombre de cas. Voilà assurément une affir-
mation bien vague, mais si vague soit-elle avons-nous
le droit de la faire ? Il ne semble pas. Cette proposition
suppose en effet la connaissance du revenu moyen d'un
grand nombre de commerçants de même profession, ce
chiffre ne pouvant être obtenu qu'à l'aide du revenu
annuel de plusieurs années. Le point initial, le revenu
annuel de chaque commerçant est inconnu et, si l'on se
souvient, c'est précisément pour éviter qu'on ait à le
chercher que le système des signes extérieurs a été
substitué au système de la taxation d'office. La même
difficulté va-t-elle nous arrêter dans le système indiciaire? Heureusement il n'en est pas ainsi. Il est vrai
que la question du revenu se pose, mais en des termes

3

bien différents et, de ce seul fait, du fait qu'on ne demande au commerçant que la déclaration du revenu
moyen de sa profession, revenu qui peut être tout diffé-
rent de son revenu personnel, qui n'a même qu'une
relation vague avec son revenu personnel, du fait qu'on
ne peut tirer de la connaissance de ce revenu moyen
que des indices très ténus concernant le revenu personnel, il résulte une réponse plus franche, plus proche de
la vérité. C'est ainsi que, du consentement même des
commerçants et industriels, ces chiffres de 12-200-5 ont
été fixés. Ils ont donc une valeur et il faut se garder de
détruire cette proportion si péniblement établie et qui
représente approximativement la production moyenne
des professions les unes par rapport aux autres.

Nous allons montrer la manière dont ils ont été fixés
et la série de transformations qu'ils ont subies avant
d'avoir leur forme actuelle.

Le 6 Fructidor an IV, quand on a pour la première
fois divisé les professions en classes en vue de l'impôt,
on a procédé un peu au hasard car on n'avait qu'un
petit nombre de renseignements exacts sur la productivité relative des professions ; on savait par exemple
que les banquiers, les agents de change, les courtiers
de navires, les armateurs faisaient de gros bénéfices,
que les marchands en gros gagnaient plus que ceux en
demi-gros, et ces derniers plus que les marchands en
détail et en petit détail ; on ne savait que cela, c'était
simple, et très peu approximatif. Les réclamations n'ont
pas tardé à se produire ; la loi du 1er Brumaire an VII

accorde satisfaction à quelques-unes d'entre elles et elle fait passer de troisième en deuxième classe les traiteurs et restaurateurs, de quatrième en septième les marchands de charbon de terre, de troisième en cinquième les aubergistes et les huissiers, de sixième en cinquième les marchands de cordes et cordages, les entrepreneurs de pavé, les bouchonniers. Et, il ne faut pas se faire illusion, si la loi de Brumaire qui a opéré ces changements a été votée, c'est moins dans le but d'augmenter les ressources du trésor (qui est l'objet habituel des lois de finances) que dans celui de donner satisfaction aux réclamations des groupes de contribuables. C'est sur l'initiative de ces groupes qu'elle a été proposée. Chacun d'eux a eu connaissance des bénéfices des groupes voisins par des suppositions, des indiscrétions, des aveux.

Il y a eu parfois des ententes ; il y a toujours eu, en tous cas, un accord tacite pour laisser les groupes surtaxés défendre leurs intérêts à la tribune et obtenir les réductions de droits qui étaient nécessaires pour les mettre au même niveau que leurs concurrents. On a ainsi réparé, sur la demande et d'après les indications des intéressés, les injustices de la loi de Fructidor. La méthode était tracée, on l'a suivie. Ce qu'on a fait en l'an VI a été renouvelé en 1817, 1844, 1850, 1858 et ainsi, de proche en proche, d'approximations en approximations, toujours en créant des compartiments nouveaux, en complétant ou en modifiant les anciens, on a obtenu le tarif actuel avec ses chiffres utiles puisqu'ils représentent à peu près la gradation des professions par ordre de productivité croissante.

De là une conclusion ; il faut se garder de changer ces bases obtenues si péniblement et au prix de si nombreuses retouches ; il faut les conserver comme des indices précieux fournis par le contribuable lui-même pour son imposition, c'est-à-dire contre lui. Peut-on trouver une base plus sûre ? Ou si nous les changeons, ce ne sera qu'en les atténuant ou en les rehaussant dans une même proportion de façon à ce que leur ordre relatif ne soit pas modifié.

2° *Taxes variables*. — Les taxes variables par élément de prospérité s'ajoutent dans la plupart des cas à la taxe professionnelle. Ces taxes variables, ce sont les neuf catégories de population pour les marchands bottiers, les six catégories pour les banquiers et les taxes de 10 fr. par personne employée au-dessus de cinq, c'est pour les fabricants de chocolat les taxes de 4 fr. par ouvrier et de 6 fr. par machine (1). Ces taxes signifient que les bénéfices sont en rapport avec la population, avec le nombre des employés, des ouvriers, des machines ou autres éléments de production et que

---

(1) Nous considérons la population comme une taxe variable pour la rattacher aux autres sortes de taxes et montrer que le procédé d'imposition est uniforme. Par exemple pour les marchands-bottiers le droit professionnel est suivant la population de 12-15-20-25-30-45-60 et 75 fr.; ces chiffres peuvent se décomposer en deux: l'un est 12 qui est le droit professionnel et l'autre est 0-3-8-13-18-33-48-63, les chiffres de 3-8-12.....63 sont les taxes variables afférentes à la population. Cette manière de raisonner est générale.

les bénéfices des professions exercées avec un employé, une machine ou dans la deuxième catégorie de population, c'est-à-dire dans les conditions immédiatement supérieures aux conditions minima sont avec ceux-ci dans le rapport de 3 + 12 à 12 pour les marchands bottiers, de 200 + 100 + 10 à 200 pour les banquiers, et de 5 + 4 + 6 à 5 pour les fabricants de chocolats ; autrement dit, ces proportions indiquent l'accroissement de bénéfices qui correspond à l'accroissement de population, de personnel et d'outillage.

De ces deux propositions, la première est certainement vraie ; dire que les bénéfices sont en rapport avec la population, les employés, les machines, etc., c'est exprimer un rapport de cause à effet ; la population (c'est-à-dire la clientèle), les employés, les ouvriers, les machines sont la cause directe et évidente de l'augmentation des bénéfices. Les bénéfices peuvent augmenter sans que ces éléments varient ; mais toutes les fois qu'ils sont modifiés (ou au moins le plus souvent), les revenus le sont également.

Il faut être moins affirmatif pour la deuxième. Par exemple, il n'est pas très sûr que les bénéfices augmentent dans la même proportion que la population. Les bénéfices sont en rapport avec la clientèle, mais la clientèle n'est pas toujours en rapport avec la population ; il y a dans les grandes villes des clientèles de quartier, dans les petites des hameaux qui sont desservis par une agglomération voisine ; dans les unes et les autres il y a des endroits mieux placés où le public se porte de

préférence; enfin il y a des commerçants et des industriels qui, par leurs moyens d'action, l'organisation de
leur personnel, leurs voyageurs, leurs voitures de
livraison, leur méthode de prendre les commandes à
domicile, par lettre, par téléphone, de les expédier par
colis postaux, ont pour clients une ville entière, une
région, la France même.

Concluons que la population est un indice applicable
à condition qu'on s'en serve avec discernement.

Pour les employés, ouvriers et machines, il y a
moins de restrictions à faire, il suffit pour être vrai
d'employer ces termes avec précision; il y a des ouvriers qui concourent directement à la production,
d'autres qui n'en font que les tâches accessoires. Dans
une fabrique de chocolat les confiseurs et les mouleurs
ont certainement un coefficient de productivité plus élevé
que les empaqueteurs, plieurs et livreurs; même parmi
les ouvriers directement producteurs ce coefficient varie;
celui des enfants diffère de celui des vieillards, celui
des hommes de celui des femmes. Enfin, il y a des
usines qui fonctionnent le jour ou la nuit seulement,
d'autres perpétuellement.

La fixation de ces taxes à 3, à 100 et à 10, à 4 à
6 a été faite comme celle des taxes professionnelles,
c'est-à-dire que, d'arbitraire et de hasardée qu'elle était
au début, elle est devenue, par retouches postérieures
graduellement plus proportionnelle et plus juste. Les
réclamations des groupes de contribuables surtaxés et
l'acceptation tacite des autres en ont fait un élément de

taxation exact et ont permis d'attribuer aux chiffres du tarif une valeur qu'on peut considérer comme vraie.

De même que nous avons conclu plus haut à la réduction du droit professionnel, de même proposerons-nous la multiplication des taxes variables et leur application à toutes les professions.

3° *Droit locatif*. — Le droit locatif s'ajoute lui aussi à la taxe professionnelle et aux taxes variables ; il s'applique isolément pour les professions libérales. Il porte sur la valeur locative de tous les locaux occupés et sur l'outillage qui les garnit; il est du 1/30 pour les marchands bottiers, du 1/10 pour les banquiers, du 1/20 et du 1/40 pour les fabricants de chocolat, du 1/12 ou du 1/15 pour les professions libérales.

En raisonnant comme nous l'avons fait pour les autres taxes, nous dirons que sa raison d'être est dans la relation qui lie les revenus d'une profession avec l'importance des locaux ou de l'outillage que son exercice nécessite. Il n'y a plus ici de rapport de causalité entre ces deux éléments, mais un simple rapport de coexistence. Mieux un établissement est achalandé, plus il fait de bénéfices, plus aussi il lui faut de place pour loger ses marchandises, ses employés, ses ouvriers. Mais, comme certains commerces et certaines industries exigent, pour produire des bénéfices équivalents, des locaux d'une importance très variable, la loi a affecté un taux peu élevé (1/50, 1/60, 1/100) aux professions qui exigent normalement une installation importante et un taux plus fort (1/20, 1/10, 1/6, 1/4, 1/3) à celles pour les quelles l'importance des locaux est relativement faible.

La fixation de ces taux au 1/3, au 1/4, au 1/10, au 1/100 est le résultat de nombreux remaniements effectués au cours du siècle dernier sur la réclamation des groupes de commerçants et d'industriels, comme cela s'est produit pour les taxes professionnelles et les taxes variables. Ils présentent ainsi une valeur certaine.

Le droit locatif a de nombreux avantages qui viennent de sa nature même, c'est-à-dire de ce qu'il porte sur la valeur locative.

La valeur locative est un chiffre très complexe et la complexité de sa composition la rend précieuse par les indices qu'elle contient. Il y a d'abord en elle un élément objectif qui est l'intérêt normal de la valeur vénale de la chose. Dans le cas d'un immeuble, par exemple, cela suppose sa consistance, sa situation, son aspect. Cet élément primordial est modifié en deux sens différents: 1° au point de vue du locataire, par le désir qu'il a de la chose, c'est-à-dire par les avantages et les incommodités qu'il y trouve; 2° au point de vue du propriétaire, par le prix qu'il en exige en compensation de la prestation de jouissance. Le prix qui résulte de l'accord des parties réunit en une seule formule ces idées éparses et diverses, et surtout, il fixe la valeur d'éléments qui paraissent, à priori, difficilement appréciables en argent; voilà l'avantage théorique. Pratiquement, la valeur locative se décèle facilement; la plupart du temps il n'y a qu'à la constater dans les baux et dans les déclarations de locations verbales enregistrées; quelquefois on devra la déduire par comparaison avec d'autres valeurs locatives régulièrement connues.

La taxe locative est donc le meilleur des signes extérieurs. C'est aussi celui dont l'application est la plus générale, puisque les quatre genres de taxation y font appel.

En résumé de l'ensemble du système indiciaire, tel qu'il fonctionne actuellement pour les revenus mixtes, se dégage cette idée qu'il possède en lui les éléments d'un bon système d'impôts ; mais qu'il ne les met pas tous en valeur. Si nous résumons les conclusions partielles énoncées au cours des pages qui précèdent, nous dirons qu'il envisage pour la taxation des professions une base, le droit professionnel et deux sortes de taxes additionnelles, les taxes variables par catégories de population, par employés, ouvriers et machines, et le droit locatif. La base qui est la caractéristique de la profession repose sur une idée généralement vraie, mais fausse quelquefois ; il faut donc en généraliser l'application à toutes les professions puisque c'en est la caractéristique, mais il faut la réduire et lui attribuer un faible coefficient, puisqu'elle peut être fausse. Les taxes variables sont plus généralement vraies, il faudra aussi en étendre l'application. Quant au droit locatif qui est des indices le meilleur et le plus couramment employé, il faut assurer son fonctionnement régulier par des discriminations.

Le résultat produit par ce système combiné de taxes généralement vraies, mais pas toujours vraies est difficile à indiquer, mais tout porte à croire qu'il est bon, et nous ne voulons comme preuve de ce bon résultat que la multiplicité des taxes dont il se compose. Tous les impôts en effet contiennent une part irréductible d'iniquité ; quand ils en sont exempts en théorie, ils en acquièrent dans l'application. Si on établissait un impôt unique, cet impôt serait la somme des iniquités fiscales, ce serait un impôt d'une iniquité idéale, « puis-» qu'il aurait pour effet de traduire violemment et de » mettre plus en relief l'anomalie commune à chaque » espèce d'impôt, anomalie qui se voit et se sent d'au-» tant moins qu'elle s'éparpille davantage » (Proudhon); la patente n'est pas cet impôt iniquement idéal ; elle s'en éloigne au contraire et elle est construite de telle sorte qu'à chaque remaniement elle s'en éloigne davantage, car les remaniements tendent toujours à compléter son texte, à y ajouter des signes extérieurs nouveaux et à éparpiller ainsi davantage l'injustice que chacun d'eux peut contenir. C'est en vertu de cette remarque que nous pensons que le système indiciaire est bon et qu'il deviendra meilleur si l'on multiplie les taxes qui le composent (1).

Nous verrons dans le chapitre suivant le développement pratique de ces conclusions.

---

(1) Nous proposerons, dans la deuxième partie, un moyen de se rendre compte de la valeur du tarif ; ce moyen sera basé sur des probabilités moins chanceuses que celles-ci

SECTION II

Le système des signes extérieurs et son perfectionnement.

Nous avons formulé dans le chapitre précédent des conclusions théoriques ; elles tendent vers trois fins : à réduire la valeur de la base et à généraliser son application, à généraliser aussi l'application des taxes variables à toutes les professions, enfin à discriminer le droit locatif. Ce programme nous paraît logiquement commandé par les réflexions qui ont précédé.

Nous voulons cependant, avant de réaliser ce projet, nous référer à des indications plus précises, consulter les enseignements pratiques du passé et voir si les modifications successives que la loi de patente a subies depuis son origine indiquent une évolution dans ce sens et non dans un autre. Il ne faut pas en effet que les additions que nous opérerons soient trop visibles et qu'elles offrent avec le passé un contraste trop

vif ; il faut au contraire, qu'entraînés pour ainsi dire
par le courant des idées anciennes, nous nous avancions
dans l'avenir guidé par lui ; il faut que cet avenir soit
le prolongement naturel du passé. Si les faits se présentent ainsi, si l'on voit la pensée initiale du législateur se continuer d'âge en âge suivant une ligne bien
droite, sans à coups, sans déviations, son prolongement
naturel sera facile à trouver et notre tâche tout indiquée. Mais il est peu probable que les choses se passe-
ront ainsi. Nous devons au contraire nous attendre à
trouver au début des tâtonnements, des hésitations, des
influences divergentes entre lesquelles il ne sera pas
possible d'établir une relation. C'est après cette période
de formation seulement que la clarté se fera et qu'on
pourra remarquer les liens qui rattachent les lois entre
elles, qui en modifient l'aspect général, et qui, au lieu
de nous les montrer comme une suite de décisions iso-
lées, nous feront voir les relations qui les unissent et
nous feront comprendre comment chacune d'elles est
issue de la précédente et comment elle a donné naissance à celle qui la suit.

Nous commencerons donc par étudier les lois de pa
tentes dans leur ensemble, pour les principes généraux
qu'elles supposent ; cette période comprendra les années révolutionnaires, pleines de vie et d'instabilité.
Nous cesserons d'employer ce mode d'étude dès que
nous apercevrons dans la loi le schéma de la législation
actuelle et la présence des principaux signes extérieurs ;
à partir de ce moment nous prendrons ces signes un à

un, nous suivrons leur évolution et leurs modifications, en notant les influences qui les ont produites et le sens dans lequel elles ont agi. Nous aurons ainsi une collection de remarques qu'il suffira de grouper et d'appliquer à la législation et au tarif actuels pour avoir la législation et le tarif nouveaux dont la détermination est l'objet de la première partie de cette étude.

Le décret de l'Assemblée Nationale Constituante du 2 mars 1791 crée les droits de patente en remplacement de ceux qui étaient perçus auparavant sous le nom de maîtrises et jurandes. Il comprend un système assez grossier de demi-patentes, patentes simples et patentes supérieures (20 septembre 1791) auquel nous ne nous arrêterons pas, car le décret qui les établit ne reçut vraisemblablement aucune exécution ; nous voyons en effet que les contrôleurs des rôles et patentes sont supprimés le 21 décembre 1792 et les droits de patente le 21 mars 1793, cette décision rétroagissant au 1er janvier précédent.

Pour expliquer cette suppression on a dit que ces droits étaient impopulaires ; quel impôt ne l'est pas et surtout quel impôt nouveau ? La vérité, c'est que le gouvernement, à cette époque troublée, n'avait plus de stabilité et qu'il cédait facilement aux revendications populaires. Il se savait possesseur de domaines nationaux immenses dont la valeur était très grande, si grande qu'elle paraissait infinie. Depuis le 21 dé-

cembre 1789, il avait dans les assignats, une source inta-
rissable de richesses; l'expérience ne lui avait pas encore
montré comme cette richesse était apparente et comme
elle lui serait funeste; il venait d'établir une contribution
patriotique (26 septembre 1789) dont le rendement, vu
l'état des esprits, ne pouvait manquer d'être superbe.
Tout le portait donc à céder aux sollicitations des commerçants qui n'étaient pas contents qu'on ne leur eût
pas donné la liberté complète qu'on leur promettait
depuis si longtemps. Il n'y avait plus que l'impôt à supprimer, c'est ce qu'on fit et, pour compenser cette diminution dans les revenus publics, on décréta un emprunt
forcé sur les riches (20 mai 1793).

L'idée nouvelle cependant ne périt pas; on peut même
dire qu'elle vécut d'une manière ininterrompue dans la
pensée du législateur et que son application seule fut
arrêtée par les évènements. Le surlendemain de la
suppression on en tenta une nouvelle application, mais
pour Paris seulement [1]. Il fallut bientôt sous l'empire
des nécessités revenir aux vrais impôts et ne plus s'é-
garer dans le domaine des utopies. Car ce qu'on avait
prévu ne se produisait pas ; malgré les peines portées
contre ceux qui ne les acceptaient pas, les assignats ne

---

[1] L'article I du décret du 25 mars 1793 porte que tous les négociants,
marchands et artisans sujets à patente, dont les loyers excèdent 300 livres,
seront cotisés sur un revenu présumé égal à la totalité du loyer qu'ils paient
tant pour les magasins et ateliers que pour leur habitation. Lorsque leurs
loyers d'habitation leur feront présumer un revenu supérieur à leur loyer
total, ils seront cotisés d'après leur loyer d'habitation.

circulaient pas comme de l'argent monnayé ; on les re-
cevait difficilement et ils se dépréciaient rapidement (1) ;
la contribution patriotique rentrait péniblement et l'impôt sur les riches ne donnait rien. A la diminution des
recettes correspondait l'augmentation des dépenses ; il
fallait entretenir des armées sur toutes les frontières et
liquider les dettes nationales. Pour faire face à ce sup-
plément de charges, des ressources nouvelles et sûres
étaient nécessaires et comme on ne pouvait plus rien
demander à l'agriculture qui supportait déjà la plus
grande partie des impôts, on s'adressa au commerce et
à l'industrie. La loi du 4 Thermidor an III pose le principe de l'obligation de la patente pour tous ceux qui
exercent « un commerce, un négoce quelconque et de
quelque genre que ce puisse être, en gros ou en détail »
(art. 1) ; elle délimite la sphère d'application de l'impôt
dans ses articles 5(2), 6 (3) et 10 (4) ; elle règle les droits
dans son article 2 (5) ; suit le tarif :

_____

(1) Dès le début, ils perdirent 20 °/₀, cette diminution s'éleva très vite à
40, 60 et même 90 °/₀.

(2) Les vendeurs et vendeuses d'arbustes, fleurs, fruits, légumes, volailles,
poissons, beurre et œufs, vendant dans les rues, halles et marchés publics
ne seront point tenus de se pourvoir de patente pourvu qu'ils n'aient ni
boutique ni échoppe.

(3) Les arts, métiers et professions ne sont point compris dans les dispositions de la présente loi.

(4) Seront réputés grains destinés au commerce tous ceux qui excéderont
la consommation de famille pour une année ou pour le temps qui restera à
courir jusqu'à la récolte. Et, quant aux autres denrées et marchandises, tout
ce qui excédera les besoins de la famille, à l'exception des vins dont la pro-
vision peut être de deux années.

(5) Les patentes sont générales ou particulières, les premières sont accor-
dées à ceux qui veulent faire toute espèce de négoce ou de commerce ; les
deuxièmes à ceux qui veulent faire des négoces ou commerces spécialement

1° Patentes générales : 4.000 livres.

2° Patentes spéciales :

1re classe. Armateurs, négociants ou marchands en gros, banquiers.

2e classe. Agents de change, courtiers de marchandises.

3e classe. Marchands commissionnaires, marchands fabricants en laine, soie, coton, fil, fer et autres matières.

4e classe. Marchands en détail, de toute sorte, ayant boutique et magasins.

5e classe. Courtiers de navires et de voitures.

6e — Marchands en détail ayant seulement boutique.

et le tarif de ces classes était de (en livres) :

Villes de :	plus de 5000 habitants et villes marites de plus de 10000 hab. —	de 20 à 50000 habitants et villes marites de 5 à 10000 habitants —	Communes de plus de 2000 h. —	Communes de moins de 2000 h. —
1re classe	1500	750	375	375
2e —	800	450	200	
3e —	500	250	125	
4e —	400	200	100	25
5e —	308	150	75	
6e —	200	100	50	

Ce qu'il y a d'étonnant, c'est que cette loi, l'ancêtre vénérable de celle qui fournit actuellement 204 millions au trésor, ne fut pas portée dans un but financier, elle

_____

désignés. Ceux qui voudront en faire plusieurs seront tenus de prendre des patentes relatives à chacun de leurs différents commerces.

eut pour objet principal de remédier à la situation déplo-
rable où les lois du maximum avaient mis le commerce
français; on veut par ce nouveau moyen « rendre à la
circulation les grains, denrées et marchandises et les
ramener insensiblement à leur valeur réelle (1) ». En
soumettant tous les commerçants à la formalité de
l'inscription, en leur imposant l'obligation d'en faire la
preuve dans toutes leurs opérations, « on enchaînera
l'agiotage et les infames qui s'y sont livrés en les for-
çant à se dévoiler eux-mêmes ; on pourra ainsi porter
punition sévère contre ces disciples de Pitt et de Marat
qui ont organisé la famine à Paris et démoralisé le
peuple dans les départements ; le commerce honnête
n'en sera pas gêné et les bons citoyens n'hésiteront pas
à donner cette garantie, car on ne cherche point à se
cacher quand on entreprend des opérations licites (2) ».

Cet objet ne fut pas rempli et moins d'un an après,
une nouvelle loi, celle du 6 Fructidor an IV vint remplacer les dispositions de la précédente. La fin du régime
d'exception qui enchaînait la liberté et empêchait les
relations commerciales avait produit un effet plus
sûr que les sanctions portées par la loi de Thermidor.
Le commerce renaissait ; la patente en tant que mesure
de police devenait inutile ; elle devenait au contraire
nécessaire comme moyen financier. C'est le nouveau
rôle qu'on voulut lui faire jouer ; il exigeait de nou-

---

(1) Vernier. Séance du 2 Thermidor. an III.
(2) Leconte (Seine-inférieure).   id.

velles aptitudes, on les lui donna. On remplaça les dix professions réparties en 6 classes par l'énumération de 230 nouvelles réparties en 8 classes, on fit 5 catégories de population au lieu de 4, et il y eut 7 professions au lieu d'une dont le tarif était fixe et indépendant de la population du lieu où elles étaient exercées ; enfin on établit sur les locaux qui servaient à l'exercice de la profession un droit locatif uniforme du 10e.

C'était un progrès ; c'était même le germe des progrès futurs, puisque les trois principaux signes extérieurs, droit professionnel, taxes variables, droit locatif étaient posés. On s'en était servi timidement, mais on pensait qu'il valait mieux procéder ainsi et qu'il serait facile de généraliser l'application de ces signes si l'essai qu'on en faisait était heureux. C'est ce qu'on fit peu à peu, et les lois qui se sont succédées depuis cette époque indiquent une évolution très marquée dans ce sens. Le tableau général des lois de patente [1] permet de se rendre compte de cette évolution et de constater que, si elle fut lente, elle fut aussi ininterrompue.

Nous nous arrêtons ici, car nous sommes arrivé, dans l'examen successif des lois de patentes, au point où l'on aperçoit le schéma de la législation actuelle ; nous avons décidé plus haut de changer à ce moment de méthode, de cesser d'analyser les lois dans leur généralité, pour entreprendre l'étude détaillée des signes extérieurs. Nous les examinerons donc un à un, nous montrerons

---

[1] Voir l'annexe.

pour chacun d'eux leur évolution et les causes qui l'ont produite et nous ferons la collection des remarques qui sont nécessaires pour améliorer le tarif actuel.

Le nombre total des professions, le droit professionnel, les catégories de population, les taxes variables et le droit locatif nous occuperont successivement.

CHAPITRE I

SUR LE NOMBRE TOTAL DES PROFESSIONS

L'augmentation du nombre total des professions énumérées au tarif a suivi la progression suivante : 11, 238, 275, 279, 280, 291. 1485, 1849, 1855, 1881, 1907, 1931, 2023, 2019, 2108. Cette progression se retrouve dans chacun des tableaux qui composent la liste générale. Tableau A : 10, 230, 267, 273, 1312, 1540, 1509, 1530, 1557, 1587, 1621, 1673, 1719. Tableau B : 1, 8, 7, 9, 17. 22, 27, 28, 25, 28, 34, 30, 33. Tableau C : 11, 156, 261, 266, 281, 285, 278, 285, 288, 339. Tableau D : 16, 17.

Deux causes surtout ont produit cette progression constante : l'une qui est accessoire au point de vue où nous nous plaçons est la création de professions nou-

velles du fait de l'évolution commerciale et industrielle
et des découvertes scientifiques (1); par exemple, les
entrepreneurs de fonderie apparaissent dans le tarif en
1817, les marchands de denrées coloniales en gros, les
chemins de fer et la plupart des professions industrielles en 1844, les fabriques de gaz pour l'éclairage et les
entreprises de télégraphie privée en 1858, les entrepreneurs de galvanoplastie en 1863, les grands magasins
en 1880, les exploitants d'usines d'éclairage par l'élec-
tricité en 1890, les fabriques de soie et de crins artifi-
ciels, les constructeurs de voitures automobiles, les
commissionnaires bagagistes, les établissements pour
la vente de timbres réclames de 1900 à 1910. Depuis
1880, une disposition de la loi (2) règle la procédure à
suivre pour le classement des professions nouvelles par
assimilation avec les anciennes; les tableaux s'enri-
chissent ainsi automatiquement tous les cinq ans de dénominations nouvelles que l'autorité législative n'a qu'à
sanctionner. Nous n'avons rien à ajouter à ces dispositions.

L'autre cause est la « discrimination » des professions. Nous appelons discrimination le fait qu'une profession figure dans une loi nouvelle sous des dénominations plus nombreuses et plus précises que dans
l'ancienne; dans l'intervalle, elle s'est fractionnée pour
ainsi dire. Par cette opération, on ne crée pas une pro-

_____

(1) La proportion des augmentations qu'on lui doit est faible; elle peut
être évaluée à 10 %.
(2) Art. 4 Loi du 15 juillet 1880.

fession, on exprime seulement d'une manière plus précise ce qu'on disait auparavant d'une manière plus
grossière. Il est évident que les 2108 professions actuellement énumérées au tarif étaient contenues (ou presque) dans les 11 titres de la loi de Thermidor; la loi suivante, celle de l'an IV, qui en énumère 238 n'en a pas
créé une seule, elle n'a pas élargi le cercle d'application
de la loi, elle n'en a pas augmenté le rendement ; elle
a seulement rendu son application plus sûre et plus
précise. C'est pour faciliter et assurer les impositions,
que la discrimination a été créée et c'est dans ce double
dessein que le législateur, à chaque révision, s'est appliqué à développer sa méthode.

Il y a eu discrimination en l'an IV par rapport à l'an
III, lorsqu'au lieu de taxer sous la dénomination assez
vague de négociants ou marchands en gros les commerçants qui se livraient à ces opérations, le législateur
a pris la peine d'énumérer les marchands en gros de
draperie, de mercerie, soieries, étoffes de coton, toile-
ries, linons, mousselines, gazes, dentelles, acier, fers
et autres métaux. Il a opéré de la même manière en
l'an V, en l'an VI, en 1817, en 1844.... ; il est arrivé
ainsi, toujours en discriminant, à établir le tarif actuel
qui, par sa complexité, ses divisions, ses cas particuliers
accuse un progrès incontestable sur le tarif original.

Nous allons montrer par un exemple la façon dont
on a procédé ; on jugera ainsi de l'utilité de l'opération :

Toutes les opérations que comprend le commerce du
bois devaient être taxées en l'an III soit dans les mar-

chands en gros (1re classe), soit dans les marchands en détail (4e cl.). En l'an **IV** on voit apparaître dans la 1re classe les marchands de bois en chantier et de marine ; en 4e, les marchands de bois, d'écorce, de tan. En l'an **VII**, les marchands de charbon de terre en gros exploitant des ventes dans les bois, forêts et plantations de la République, des communes ou des particuliers s'ajoutent à la première classe ; et les marchands de bois n'exploitant point de vente dans les bois..... et n'ayant ni chantier, ni magasin, s'ajoutent à la 2e cl. En 1844 on crée les catégories suivantes qui se substituent à celles que nous venons de citer :

Marchand de bois à brûler : celui qui ayant chantier ou magasin vend au stère ou par quantités équivalentes ou supérieures — 1^{re}classe.

Marchand de bois de marine ou de construction ; marchand de bois merrain en gros vendant par bateau et charrette ; marchand de bois de sciage en gros ; marchand de charbon de bois en gros — 1re classe.

Marchand de bois à brûler : celui qui n'ayant ni chantier, ni magasin vend sur bateau ou sur port au stère ou par quantités équivalentes ou supérieures ; marchand de bois de teinture en demi-gros — 2e classe.

Marchand de bois de sciage : si, ayant chantier ou magasin, il ne vend qu'aux menuisiers, ébénistes, charpentiers et aux particuliers ; marchand de bois d'ébénisterie ; marchand de bois en grume ou de charronnage — 3e classe.

Marchand de bois de teinture en détail — 4e classe.

Marchand de bois à brûler : celui qui n'ayant ni chantier, ni magasin, ni bateau, vend par voiture au domicile des consommateurs; marchand de bois de bateaux; marchand de bois de boissellerie ; marchand de bois de volige; marchand de bois feuillard; marchand de charbon de bois en demi-gros — 5e classe.

Marchand de bois merrain s'il ne vend qu'aux tonneliers et aux particuliers — 6e classe.

Marchand de fagots et bourrées vendant par voiture; marchand d'échalas — 7e classe.

Marchand de bois à brûler qui vend à la falourde, au fagot et au cotret; faiseur de bois de galoches et de socques ; marchand de charbon de bois en détail — 8e classe.

Entrepreneur du flottage des bois (Tableau C.). Droit professionnel, 25 fr.

On ajoute, en 1850 :

Fendeur de bois ; métreur de bois — 7e classe.

Marchand de sciure de bois — 8e classe.

En 1858 :

Marchand de bois à brûler ; celui qui n'ayant ni chantier, ni magasin, ni bateau, vend par voiture au domicile du consommateur le bois tiré directement de la coupe dont il n'est pas adjudicataire — 5e classe.

Charbonnier cuiseur : celui qui, pour le compte des exploitants, entreprend de transformer le bois en charbon 7e classe.

Exploitant un établissement pour la conservation du bois au moyen de préparations chimiques (Tableau C,

3e partie), 0 fr. 25 par mètre cube de la contenance des bassins.

Entrepreneur par adjudication de l'abatage et du façonnage des bois sur pied (Tableau C, 5e partie), droit professionnel 3 fr., plus 2 fr. par 1,000 fr. du prix d'adjudication (maximum 100 fr.).

En 1890 :

Marchand de laine ou fibre de bois en gros — 3e classe.

Cet exemple montre l'utilité de la discrimination ; une profession discriminée est toujours taxée plus justement qu'avant, et elle n'est pas plus taxée qu'avant. Il serait faux de mettre cette opération éminemment utile sur le compte de l'esprit fiscal de l'administration, de croire que l'administration augmente la liste des professions pour avoir un rendement plus élevé, qu'elle opère cette réforme dans son intérêt particulier seulement. Nous ne voulons comme preuve du contraire que l'exemple précédent où les abaissements de classes sont aussi nombreux que les élévations, où l'ensemble de l'opération n'accuse pour l'état ni profit, ni perte et se traduit simplement par une justice plus exacte, une répartition plus sûre d'un même impôt entre les contribuables d'une même profession.

Nous sommes persuadés que ce travail de discrimination n'a pas été fait pour toutes les industries et qu'il pourrait l'être utilement. Nous prendrons en exemple l'industrie horlogère c'est-à-dire celle qui a pour objet la fabrication de la montre. Nous montrerons pour les professions qu'elle comporte l'incohérence du système actuel, comme il s'attarde à taxer avec la plus stricte minutie des professions et des parties de professions dont les bénéfices sont très faibles et comme il laisse dans l'ombre d'autres métiers plus importants.

Quand un contrôleur veut établir la patente d'un fabricant d'horlogerie, il a sous la main les tarifications suivantes :

1. Marchand en gros de pièces d'horlogerie; 1re classe

2. Marchand de montres en gros — 1re classe.

3. Marchand de montres en demi gros — 2e classe.

4. Marchand de montres en détail — 3e classe

5. Horloger (fabricant d'horlogerie) — 3e classe.

6. Marchand de fournitures d'horlogerie — 4e classe.

7. Monteur de boîtes de montres pour son compte — 5e classe.

8. Metteur en œuvre pour son compte ; 9. Horloger rhabilleur marchand; 10. Fabricant de pièces d'horlogerie pour son compte; 11. Fabricant de cadrans de montres pour son compte; 12. Fabricant de carrés (1) de montres pour son compte ; 13 Fabricant d'aiguilles, clefs et autres petits objets pour montres, à son compte; 14. Fabricant de ressorts de montres pour son compte — 6e classe.

15. Monteur de boîtes de montres à façon; 16. Monteur ou sertisseur à façon (2); 17. Metteur à œuvre à façon ; 18. Horloger repasseur; 19. Horloger rhabil-

_____

(1) Le carré est une pièce d'horlogerie en acier dans laquelle se fiche la clef du remontoir.

(2) Celui qui monte des pierres fines ou fausses.

leur non marchand ; 20. Fabricant de pièces d'horlogerie à façon ; 21. Finisseur en horlogerie — 7ᵉ classe.

22. Fabricant de cadrans de montres à façon ; 23.
Fabricant de carrés de montres à façon; 24. Fabricants
d'aiguilles, clefs et autres petits objets pour montres, à
façon ; 25. Fabricant de ressorts de montres à façon —
8ᵉ classe.

26. Fabricant de verres de montres par procédé mécanique (Tableau C., 3ᵉ partie), droit professionnel 5 fr.
plus 3 fr. par ouvrier.

27. Fabricant de pièces d'horlogerie par procédés
mécaniques (Tableau C, 3ᵉ partie), droit professionnel
5 fr. et 4 fr. par ouvrier.

28. Fabricant travaillant pour le commerce (Tableau
C, 3ᵃ partie), 10 premiers ouvriers : 18 fr. plus 3 fr. 60
pour chacun des autres.

Or la fabrication de la montre (1) comporte les opérations suivantes :

Les ébauches de mouvements appelées finissages,
sont achetées par l'établisseur dans les différentes
fabriques d'ébauches (en Savoie, à Villers-le-Lac (Doubs)
ou en Suisse). Le finissage contient : la cage, le barillet

---

(1) La montre se compose de deux parties distinctes: 1° le mouvement
et la boîte.

1° Le mouvement comprend ce qui suit : la cage ou ébauche, le barillet et
son ressort, le rouage, l'échappement, l'organe du réglage, le mécanisme de
remontoir et de mise à l'heure. On entend par cage ou ébauche la platine et
les ponts entre lesquels sont logées les diverses pièces mobiles de la montre.

Le rouage ou train d'engrenages est destiné à transmettre à l'échappement
la force produite par le développement du ressort moteur dans son barillet;

le rouage et le mécanisme de remontoir; les pièces dont il est composé sont avancées à un certain degré, mais non pas finies complètement.

L'établisseur, communément appelé fabricant d'horlogerie, fait procéder aux opérations suivantes :

1° Il donne l'ébauche au *sertisseur d'échappements* ; celui-ci pose les pierres (sertir) et les enchasse dans le laiton de l'ébauche.

2° Puis au *pivoteur;* celui-ci met les pivots du balancier, des roues de cylindre ou d'ancre dans les trous des pierres posées par le sertisseur.

3° A l'*acheveur;* cet ouvrier qui est en général une femme, pose les gouttes et les pitons (les gouttes et les pitons ont pour objet d'empêcher le balancier d'aller toujours dans le même sens).

4° *Au sertisseur de moyennes ;* celui-ci pose les pierres des roues de champ et de petite moyenne, dessus et dessous.

5° *A l'emboîteur ;* celui-ci ajuste le mouvement dans

---

l'échappement a la double fonction d'empêcher le développement rapide du ressort en ne laissant passer qu'une seule dent de la roue d'échappement à chaque oscillation ou vibration du balancier et d'entretenir ces vibrations.

L'organe principal du réglage est le spiral dont la fonction est de régler le nombre d'oscillations du barillet dans un temps déterminé. Dans la montre courante, ce nombre est de 18.000 à l'heure. Quant au mécanisme de remontoir et de mise à l'heure, son utilité est indiquée par son nom même.

2° La boîte, formée de plusieurs pièces, dont la principale appelée carrure contient le mouvement et porte le pendant et l'anneau. Les autres parties sont : la lunette placée du côté du cadran, le fond de l'autre côté et la cuvette ou double fond intérieur. (*De l'Industrie horlogère.* G. Mégnin, Thèse 1909, pages 131 et suivantes).

la boîte, met la poussette de mise à l'heure, la tige de remontoir et la couronne au bout de la tige.

6° *Au démonteur* ; celui-ci arrondit les dents des trois roues d'ébauches, vérifie les fonctions du balancier, de la roue d'ancre ou de cylindre et sort toutes les pièces de la montre dont il fait trois parts : une pour le dorage (ébauche, platine, ponts et roues), une pour le polissage de vis (vis), une pour le polissage d'aciers (aciers).

7° *Le doreur* ; celui-ci lave et brosse les parties qu'il doit dorer et les met dans le bain de galvanoplastie.

8° *Le polisseur de vis* ; celui-ci trempe les vis, les place sur une plaque d'acier qu'il passe sous une meule de bois pour les niveler, puis sous une meule d'acier pour les polir ; enfin il les passe au feu pour leur donner la couleur.

9° *Le polisseur d'aciers* les polit à la main.

10° *Le régleur* met le spiral au balancier et vérifie les vibrations.

11° *Le remonteur* met toutes les pièces en place et fait marcher la montre après y avoir ajouté ressorts, cadran, aiguilles.

12° *Le poseur de verres* ; en général le fabricant lui-même.

13° *Le termineur* ; il vérifie tous les organes posés par les ouvriers précédents et règle la marche de la montre après l'avoir surveillée pendant 8 jours au moins ou 21 jours au plus.

Tous ces ouvriers travaillent chez eux ; ils ont quelquefois d'autres ouvriers sous leurs ordres.

De cette énumération, il résulte que le fabricant d'horlogerie qui se sert de tous ces ouvriers, ne fabrique rien du tout ; il assemble seulement des pièces fabriquées ailleurs ; ce n'est pas un industriel, c'est un commerçant qui spécule sur la valeur des pièces qu'il utilise, le salaire de ses ouvriers et la valeur de la montre fabriquée.

Les véritables fabricants sont (en suivant le même ordre) :

1° *Le fabricant d'ébauches* qui du cuivre brut fait la platine et les ponts (1) et qui les assemble (Villers-le-Lac, Suisse, Savoie).

2° *Le pierriste* qui achète la pierre brute (rubis ou pierres moins fines), la polit extérieurement, la perce et la polit intérieurement (région de Montbéliard, Suisse).

3° *Le fabricant d'assortiments* qui fabrique les pivots du balancier et les roues du cylindre ou d'ancre en travaillant l'acier (Charquemont-Doubs).

4° *Le fabricant de boîtes* (2) (monteur) : elles sont découpées et étampées dans le métal (3), l'acier, le

---

(1) Le fabricant d'ébauches a lui-même recours au fabricant d'aciers et au fabricant de balanciers.

(2) Le fabricant de boîtes dispose le métal, l'acier, l'argent ou l'or, en feuilles très minces, dans lesquelles sont découpés et emboîtés les fonds et cuvettes, ou en longs rubans serrés dans lesquels sont prises les carrures et les lunettes. Ces quatre pièces principales sont remises aux ouvriers monteurs de boîtes qui les façonnent et les ajustent, puis aux ateliers d'achevage où les pendants et anneaux sont faits, posés et soudés. Les ouvriers de la boîte travaillent en manufacture.

(3) Alliage spécial contenant du cuivre et du nickel.

nickel, le niel (1), l'argent ou l'or (Besançon, Morteau, Suisse).

5° *Le fabricant de ressorts et spiraux* en acier.

6° *Le fabricant de cadrans* en acier émaillé (Besançon, Morteau).

7° *Le fabricant d'aiguilles*, cuivre ou acier, argent ou or.

8° *L'horloger rhabilleur* répare les montres dérangées.

Le marchand de fournitures d'horlogerie procure aux fabricants les pièces dont ils ont besoin et leur évite la peine de s'adresser aux différents fabricants.

Les 22 professions que nous venons d'énumérer peuvent se classer dans l'ordre de leur productivité relative de la manière suivante. Appelons 200 la productivité moyenne du fabricant d'horlogerie; on pourra affecter le coefficient 80 au sertisseur d'échappement, 80 au pivoteur, 40 à l'acheveur, 60 au sertisseur de moyennes, 20 à l'emboîteur, 150 au démonteur, 160 au doreur, 20 au polisseur de vis, 10 au polisseur d'aciers, 60 au régleur, 200 au remonteur, 200 au termineur, 200 au fabricant d'ébauches, 200 au pierriste, 150 au fabricant d'assortiments, 150, 200 ou 400 au fabricant de boîtes de métal ou acier, d'argent, d'or ; 80 au fabricant de cadrans ou d'aiguilles, 60 au fabricant de ressorts ou spiraux. Le coefficient 200 affecté au fabricant d'horlogerie devra être réduit à 150 si ce commerçant ne

---

(1) Alliage d'émail et d'argent passé au feu.

fabrique que des montres de qualité inférieure en métal,
acier ou nickel ; il devra être porté à 400 s'il vend des
montres spéciales (chronographes, chronomètres indi-
cateurs de vitesse) ou des montres d'or (1).

Nous ne changeons rien à la tarification des commerces énumérés sous les nᵒˢ 1, 2, 3, 4, 6, 9, 18, 19,
de la tarification légale actuelle (voir plus haut p. 57).

Un tarif peut être facilement établi avec ces données ; les patentes se composeraient d'un droit professionnel de 10 francs pour les professions affectées du
coefficient 400 et d'une taxe variable de 5 fr. par ouvrier ; d'un droit professionnel de 5 fr. pour celles qui
sont affectées d'un coefficient variant de 150 à 200 et
d'une taxe de 3 francs par ouvrier ; d'un droit professionnel de 2 francs pour celles qui sont affectées d'un
coefficient variant de 100 à 149 et d'une taxe de 2 francs
par ouvrier. D'un droit professionnel de 1 franc pour
celles qui sont affectées du coefficient 80 ou d'un coefficient inférieur et d'une taxe de 1 franc par ouvrier. Le
droit locatif serait établi au 50ᵉ sur l'établissement industriel et au 20ᵉ sur la maison d'habitation. Dispositions spéciales : les ouvriers seuls seront dispensés de
la patente (2) et les ouvriers travaillant à façon (c'est-
à-dire pour le compte d'autres fabricants et avec des
matières que ceux-ci lui fournissent), paieront la moitié

(1) Ces renseignements ont été pris auprès d'industriels français et suisses
(région horlogère du Jura).
(2) Art. 17, loi du 15 juillet 1880, § 5.

des droits que paient ceux qui travaillent pour leur compte.

L'application de ces opérations produirait le résultat suivant :

Monteur de boîtes de montres pour son compte installé dans une ville de 25.000 habitants, ayant 1 ouvrier et un établissement passible d'une valeur locative de 400 francs pour l'habitation et de 800 fr. pour l'établissement industriel :

NOUVEAU TARIF

1. Métal

Droit professionnel..	2 fr.
3 ouvriers × 2	6 —
20e sur 400	20 —
50e sur 800	16 —
Total..	44 fr.

2. Argent

Droit professionnel..	5 fr.
3 ouvriers × 3	9 —
20e sur 400	20 —
50e sur 800	16 —
Total..	50 fr.

3. Or

Droit professionnel..	10 fr.
3 ouvriers × 5	15 —
20e sur 400	20 —
50e sur 800	16 —
Total..	61 fr.

ANCIEN TARIF

5e classe............	20 fr.
30e sur 1200	40 —
Total..	60 fr.

Comme ci-dessus : 60 fr.

Comme ci-dessus : 60 fr.

Monteur de boîtes de montres pour son compte installé dans une ville de 25.000 habitants, ayant 8 ouvriers et un établissement d'une valeur locative de

600 francs pour l'habitation et de 1.200 francs pour l'établissement industriel.

<table>
<tr><td colspan="2">NOUVEAU TARIF</td><td colspan="2">ANCIEN TARIF</td></tr>
</table>

NOUVEAU TARIF		ANCIEN TARIF	
1. Métal		5e classe	20 fr.
Droit professionnel..	2 fr.	30e de 1800	60 —
8 ouvriers × 2	16 —	Total..	80 fr.
20e de 600	30 —		
50e de 1200	24 —		
Total..	72 fr.		
2. Argent			
Droit professionnel..	5 fr.		
8 ouvriers × 3	24 —	Comme ci-dessus : 80 fr.	
20e de 600	30 ·		
50e de 1200	24 —		
Total..	83 fr.		
3. Or			
Droit professionnel .	10 fr.		
8 ouvriers × 5	40 —	Comme ci-dessus : 80 fr.	
20e de 600	30 —		
50e de 1200	24 —		
Total..	104 fr.		

Monteur de boîtes de montres pour son compte installé dans une ville de 25.000 habitants, ayant 14 ouvriers et un établissement passible d'une valeur locative de 700 francs pour l'habitation et de 1.500 francs pour l'établissement industriel.

NOUVEAU TARIF		ANCIEN TARIF	
1. Métal		10 premiers ouv..	18 fr.
Droit professionnel..	2 fr.	4 ouv. en sus × 3,60	14 fr. 40
14 ouvriers × 2......	28 —	20e de 700	35 fr. »
20e de 700	35 —	50e de 1500	30 fr. »
50e de 1500	30 —	Total..	97 fr. 40
Total..	95 —		

2. Argent

Droit professionnel.	5 fr.	
14 ouvriers × 3	42 —	Comme ci-dessus : 97 fr. 40
20e de 700	35 —	
50e de 1580	30 —	
Total....	112 fr.	

3. Or

Droit professionnel.	10 fr.	
14 ouvriers × 5	70 —	Comme ci-dessus : 93 fr. 40
28e de 700	35 —	
50e de 1500	30 —	
Total ..	145 fr.	

Ces exemples font ressortir l'utilité de la discrimination ; les monteurs de boîtes et les fabricants d'horlogerie font en effet, avec le même nombre d'ouvriers et dans les mêmes locaux, des bénéfices très différents selon qu'ils travaillent l'or, l'argent ou le métal. Nous venons de montrer pour les monteurs de boîtes les résultats avantageux de la réforme ; on pourrait faire de même pour les horlogers.

Voici un autre exemple :

Fabricants de cadrans de montres à façon installé dans une ville de 52.000 habitants.

NOUVEAU TARIF		ANCIEN TARIF	
1 ouvrier			
Droit professionnel..	1 fr.		
1 ouvrier × 1	2 —		
20e de 100....	5 —	8e classe.............	8 fr.
50e de 500	10 —	100e de 600	6 —
Total : 18/2...	9 fr.	Total..	14 fr.

8 ouvriers

Droit professionnel..	1 fr.		
8 ouvriers×1	8 —		
20ᵉ de 300	15 —	8ᵉ classe	8 fr.
50ᵉ de 1000	20 —	100ᵉ de 1300	13 —
Total: 44 : 2....	22 fr.	Total..	21 fr.

12 ouvriers

Droit professionnel..	1 fr.	10 premiers......	18 fr. »
12 ouvriers×1	12 —	2 en plus........	7 fr. 20
20ᵉ de 400	20 —	20ᵉ de 400........	20 fr. »
50ᵉ de 1200	24 —	50ᵉ de 1200.......	24 fr. »
Total: 5 : 72..	29 fr.	Total....	69 fr. 20

On voit le manque de gradation de l'ancien tarif et les sauts brusques qu'il occasionne.

En comparant le tableau ancien des professions avec celui que nous proposons, on remarque que les professions de fabricants d'ébauches et d'assortiments y figurent sous une seule dénomination, sous la dénomination générale de fabricants de pièces d'horlogerie par procédés mécaniques, quoique la production de ces deux industries soit différente ; on remarque également qu'on ne peut taxer au moyen du tarif ancien aucune des treize professions qui comportent l'assemblage de la montre sauf les sertisseurs, les doreurs et les metteurs en œuvre ; enfin, dernier avantage, les tarifs nouveaux n'accusent pas d'augmentation de droits ; ils oscillent également en-deçà et au-delà des anciens.

Nous avons examiné en détail l'industrie horlogère qui est celle que nous connaissons le mieux ; mais on pourrait trouver dans d'autres professions d'autres

défauts de taxation susceptibles également d'être cor-
rigés. Ainsi les maîtres de forges sont imposés au droit
professionnel à 40 francs par feu d'affinerie, par four
à puddler et par forge dite catalane et à 80 francs par
four à réchauffer. Cette taxation n'est pas assez précise.
Nous connaissons une usine qui possède des fours à
puddler de deux dimensions, les uns simples, les autres
d'un volume double. Elle a intérêt à remplacer les premiers par ceux-ci et elle le fait. Elle le fera tant qu'on
n'aura pas établi la taxe à n francs par m. carré de la
surface de chauffe ou m. cube de la contenance du
four (1).

Cette même usine possède des fours à réchauffer de
deux sortes : les uns servent à réchauffer les selles de
rails, leur surface est d'environ 1 m. carré; les autres
à réchauffer les rivets ; la surface de ces derniers n'est
guère que de 50^{cm} carrés. Ils paient les uns et les autres
le même droit fixe de 80 francs

Nous proposons donc, comme nous l'avons fait pour
l'industrie horlogère, d'augmenter le nombre des professions en discriminant celles qui figurent au tarif actuel.
Mais il faudra prendre des précautions dont la principale vient d'être indiquée; il faudra que cette opération
ne nuise ni ne profite au Trésor, que l'industriel qui en
sera l'objet ne soit ni surtaxé, ni dégrevé et les chiffres
affectés aux nouveaux éléments devront être tels qu'ils

_____

(1) Cette réforme a été opérée autrefois pour les brasseries et raffineries. En
1844 le droit portait sur le nombre des cuves. En 1850 on l'assied sur la capacité de ces cuves.

oscillent également en deçà et au-delà de l'ancienne
taxation. Cette condition est nécessaire à réaliser et en
voici la raison : les différents éléments qui composent
le système indiciaire n'ont pas de valeur en eux-mêmes ; ils n'en n'ont que par rapport à l'ensemble qu'ils
constituent ; cette valeur relative, qui est la seule qu'ils
aient, a donc son importance et il est nécessaire de la
conserver. Il importe, si on modifie ou si on supprime
un droit, de le remplacer par un ou plusieurs autres
qui puissent être mis à sa place, sans que l'ordre général soit troublé, sans qu'on s'aperçoive de la substitution si ce n'est par une plus grande exactitude de taxation, par un rapport plus exact entre l'impôt et les facultés qu'il atteint.

Nous n'envisageons donc pas les effets de cette réforme sur le rendement de l'impôt puisqu'elle ne doit
pas en avoir.

CHAPITRE II
DROIT PROFESSIONNEL

On le trouve à la base de toutes les professions du
tableau **A**, du tableau **B** et dans la plupart de celles du
tableau C [1]. Il ne figure dans aucune de celles qui

[1] Pour le tableau C, on remarque qu'il n'y a pas de droit professionnel,
quand les taxes variables portent sur les machines ; il y en a toujours une au

sont énumérées au tableau D et qui sont les suivantes :
Architectes, avocats inscrits aux tableaux des cours et
tribunaux, avocats au Conseil d'Etat et à la Cour de
cassation, avoués, chirurgiens, commissionnaires-pri-
seurs, dentistes, greffiers, huissiers, ingénieurs civils,
mandataires agréés près les tribunaux de commerce,
médecins, notaires, officiers de santé, référendaires au
sceau, vétérinaires, chefs d'institutions et maîtres de
pension. Quelle est la raison de cette différence? Est-ce
que ces professions ne produisent pas un revenu minimum aussi sûr que les professions commerciales et industrielles ? ce revenu est-il plus aléatoire? N'exigent-
elles pas un capital pour la formation de l'individu qui
les exerce, puis pour l'achat de la charge? On les as-
simile cependant aux professions commerciales puisqu'on les soumet comme elles à la patente : pourquoi
ne pousse-t-on pas plus loin cette assimilation en leur
imposant le même mode de taxation c'est-à-dire un
droit professionnel caractéristique de la profession, des
taxes variables et un droit locatif? Pourquoi ne sont-elles
soumises qu'au droit locatif?

Malheureusement on ne peut opposer aucune raison
valable à toutes ces questions, et l'historique de la
taxation de ces professions ne nous en fournit pas
de nouvelle. Dans sa séance du 8 mars 1850, le projet
de loi, qui fut voté le 18 mai suivant, fut présenté à

---

contraire quand ces taxes portent sur les ouvriers seulement ou concurrem-
ment sur les ouvriers et les machines. Ce droit professionnel représente donc
le travail d'un ouvrier spécial, du patron.

l'Assemblée nationale. Les professions libérales qui
avaient été auparavant exemptées de la patente sont
portées au tableau D de cette loi pour être taxées. La
discussion s'engage. Un membre demande si les professions civiles et libérales sont des professions commerciales? On répond : non. Donc il ne faut pas les
imposer. Si, parce que si on ne les imposait pas on
créerait un précédent fâcheux, on exempterait sans
motif valable toute une catégorie de professions lucra-
tives.

Tel est le résumé de l'argumentation qui a décidé de
l'imposition des professions libérales. Alors, comment
les imposera-t-on ? Un membre propose de mettre les
notaires et avoués d'instance en 2ᵉ classe, les avoués
d'appel et les architectes en 3ᵉ classe, les commissaires-
priseurs, les huissiers, les avocats en 4ᵉ, les médecins,
les chirurgiens et les dentistes en 5ᵉ. On lui oppose
avec raison que cette classification est arbitraire et im
praticable, il la retire et on ne propose rien à la place.
Le droit professionnel étant aussi supprimé, il ne reste
que le droit locatif ; on imposera donc ces professions
au droit locatif seulement. Il est du 20ᵉ pour tous les
patentables, on le portera au 10ᵉ pour tenir compte de
l'absence du droit locatif. Et voilà comment fut établie
l'imposition des professions libérales.

On constate encore mieux l'incertitude du législateur
quand on feuillette plus avant l'histoire financière.
Ainsi les notaires qui figurent dans la 3ᵉ classe en l'an
IV passent en 2ᵉ en l'an VI ; ils figurent en 1844 dans

la liste des professions exemptées ; les huissiers sont
imposés pour la 1ʳᵉ fois en l'an V dans la 5ᵉ classe ; ils
passent en 3ᵉ en l'an VII ; on les exempte en 1844 ; les
architectes sont imposés en l'an IV à la 2ᵉ classe ;
l'article 2 de la loi du 7 Brumaire an VI porte qu'ils ne
sont assujettis à la patente que quand ils feront des rè-
glements de mémoires d'ouvriers, des exercices et entreprises de bâtiments pour leur compte ; on les exempte
en 1844 quand ils remplissent les conditions suivantes :
« les architectes considérés comme artistes ne se livrant
pas, même accidentellement, à des entreprises de construction ». Les officiers de santé sont rangés en l'an IV
dans la 4ᵉ classe du tableau A ; en l'an VI on exempte
ceux d'entre eux qui sont attachés aux armées, aux
hôpitaux, au service des pauvres par nomination du
gouvernement ou délibération des autorités constituées ;
on les exempte en 1844 ; les chirurgiens dentistes mis
en l'an IV dans la 4ᵉ classe du tableau A sont exemptés
en 1844. Cette dernière loi exempte de même de la
patente les professions d'avoués, d'avocats au Conseil,
de greffiers, de commissaires-priseurs, d'avocats, de
docteurs en médecine et en chirurgie et les vétérinaires.
Veut-on savoir quelles raisons ont décidé de ces exemptions ? On les trouve dans le rapport que M. Lafarelle
lut à la chambre des députés le 17 mars 1844 et qui em-
porta le vote de cette assemblée. M. Lafarelle constate
que dans l'état social actuel il y a quatre sources de revenus : la propriété foncière, le commerce et l'industrie,
les professions libérales et les autres professions civiles,

enfin l'argent placé à titre de prêt sur l'Etat ou sur les particuliers. Chacune de ces sources doit supporter un impôt spécial;pour la première, c'est l'impôt foncier, pour la deuxième la patente, pour les autres, c'est un impôt qui n'existe pas encore, qu'il faut créer, mais qui ne doit pas être incorporé à la patente (1). C'est probablement parce qu'on n'avait pas encore trouvé cet impôt en 1850 qu'on rétablit, faute de mieux, ces professions au tarif.

Il nous semble qu'elles y figurent justement. La patente, avons-nous dit, porte sur les revenus mixtes, c'est-à-dire sur ceux qui proviennent de la collaboration du capital et du travail ; or toutes les professions que nous avons citées, exigent un capital d'achat et un capital de roulement (les offices ministériels s'achètent, beaucoup de charges de dentistes, de médecins, s'achètent aussi ; même lorsqu'elles ne sont pas achetées, elles exigent une installation et elles ont nécessité de longues études). Ce capital est mis chaque jour en œuvre par le travail de son possesseur.

Mais il nous semble que l'imposition qui les frappe est très défectueuse : à priori elle doit être défectueuse, elle est trop simple. N'y a-t-il donc pas de signes extérieurs des bénéfices de ces professions ?

---

(1) On lit aussi à la séance du 27 février 1844 que les officiers ministériels demandent l'exemption sous prétexte qu'ils déposent un cautionnement et qu'ils paient un droit de mutation. Réponse: non. Le cautionnement n'est pas une charge bien lourde, car il rapporte un intérêt de 4 °/₀, garanti par l'Etat. Quant au droit de mutation il n'est payé qu'une seule fois, lors de la transmission des offices ; il n'a aucune analogie avec l'impôt des patentes.

Nous en apercevons plusieurs :

1° Pour les avoués, les commissaires-priseurs, les greffiers, les huissiers, les notaires, le siège de l'établissement. Suivant que ces officiers ministériels résident dans un chef-lieu de canton, d'arrondissement ou de cour d'appel, ils ont le droit d'instrumenter dans le ressort du canton, de l'arrondissement ou de la cour. Le droit professionnel de ces patentables pourrait être établi suivant cette gradation (par exemple 2 fr., 5 fr. et 10 fr.) et cette opération serait bonne, car la modicité du taux de ce droit professionnel correspondrait à la modicité des avantages que les titulaires des charges retirent de la nature de leur résidence.

2° Pour ces mêmes patentables et de plus pour les avocats au Conseil d'Etat et à la Cour de Cassation, la valeur vénale de la charge qu'ils gèrent. Cette valeur est un indice de leurs bénéfices et elle est officiellement connue, car elle est établie par la chancellerie après examen des pièces déposées et comparaison des produits des dernières années. Bien que des contre-lettres modifient la plupart du temps ces chiffres, ils conservent néanmoins une valeur relative vraie, car la dissimulation cachée dans la contre-lettre élève presque toujours le prix de vente et presque toujours dans la même proportion. Une taxe variable de 5 fr. par 10,000 fr. de la valeur vénale, par exemple, pourrait être appliquée. On l'étendrait aux mandataires agréés près les tribunaux de commerce et aux référendaires au sceau (1) dont les

(1) Il n'y en a plus que cinq.

charges quoiqu'elles ne soient pas reconnues par la loi sont soumises pratiquement au même mode de transmission.

Le résultat financier de cette modification (1° et 2°) peut être évalué approximativement ainsi :

Les 19.763 (1) officiers ministériels payent actuellement au Trésor en patente . . . .(2) 908.328 »

En remplacement de ces droits il y aura :

1° Un droit profes¹ de 2 à 10 fr. (moy. 3 fr.)
× 19763 . . . . 59.289

2° Des taxes variables de 5 fr. p^r 10.000 fr.
de valeur vénale sur 990.568.365 (1) . 495.284

3° Un droit locatif du 40° sur 14.664 fr. (2)
donnera. 391.612

Total. . . 946.185 946.185 »

Plus-value finale : 37.857 fr.

3° Pour les architectes, avocats, chirurgiens, dentistes, ingénieurs civils, médecins, officiers de santé, vétérinaires, le nombre d'employés, secrétaires, commis, dessinateurs, mécaniciens, chauffeurs et automobiles, qu'ils ont sous leurs ordres ou à leur service. La présence de ces auxiliaires est un signe de prospérité.

(1) BULLETIN OFFICIEL, ministère de la Justice, 31 décembre 1893.

Il y a 8298 notaires dont les charges valent 673.792.498
3593 greffiers   —   —   45.181.740
60 avocats au Conseil d'Etat —   7.271.500
289 avoués d'appel   —   19.686.316
2338 avoués d'instance   —   131.866.737
4813 huissiers   —   85.984.074
372 commissaires-priseurs   —   26.785.500

19763   990.568.365

(2) *Annuaire de l'Administration des Contributions directes*, 1910.

4° Pour les chefs d'institution et les maîtres de pension, le nombre des places qu'ils ont dans leur établissement.

Il n'a été fait aucune statistique pour ces dernières catégories de professions libérales, et on ne peut établir de prévisions, mais il ne paraîtrait pas hasardé de créer un droit professionnel et des taxes variables analogues à celles que nous avons adoptées pour les deux premières.

C'est tout ce que nous avons à dire du droit professionnel[1]. Par la réforme que nous proposons, il figurera à tous les tableaux et dans la plus grande partie des professions. Cette uniformité paraissait désirable.

CHAPITRE III

NOMBRE DES CATÉGORIES DE POPULATION

Le signe extérieur « population » est appliqué à deux sortes de professions : 1° d'une manière générale à toutes celles du tableau A, c'est-à-dire à toutes les pro-

---

[1] Nous nous excusons d'avoir dépassé le titre du chapitre et d'avoir étudié non seulement le droit professionnel applicable aux professions libérales, mais encore les taxes variables qui peuvent lui être adjointes. Il était impossible de diviser cette question ni de l'aborder d'une autre manière.

fessions commerciales ; 2° d'une manière spéciale à 30
professions du tableau B (haut commerce et banque).
Dans le tableau B le nombre des catégories de population est de 4 au moins et de 9 au plus ; l'écart de taxation entre les droits professionnels affectés à une catégorie de population et la catégorie supérieure est assez
considérable (25, 50, 100, 300 francs même), mais ces
écarts de taxation correspondent à des écarts de bénéfices encore plus considérables : ils n'ont donc rien d'anormal ; d'autre part, ils sont tempérés par l'application
de taxes variables par employé dont l'usage est salu-
taire, car il amortit l'effet trop brusque du droit professionnel. La présence de plusieurs indices au tableau B
est le signe d'une bonne taxation et cela nous suffit
pour arrêter là nos recherches.

Nous nous occuperons au contraire du tableau A ;
ici il n'y a pas beaucoup d'indices, il n'y en a que deux ;
l'imposition des professions contenues dans ce tableau
se fait simplement, trop simplement même ; elle se
compose seulement d'un droit professionnel modifié
selon la population et d'un droit locatif. C'est bien peu
d'éléments pour obtenir un bon résultat ; c'est bien
imparfait si l'on remarque que ce procédé est appliqué
à des professions très importantes (tous les marchands en gros) et à un grand nombre d'autres (sur
2.108 professions tarifées 1.719 sont réglées de
cette manière). Il n'est pas possible qu'une taxation
établie sur deux éléments seulement soit juste ; c'est
une base trop étroite pour un édifice trop haut. Nous

faisons donc tout de suite cette remarque et nous
nous réservons la faculté de chercher à élargir cette
base et de trouver d'autres éléments pour la consolider. _
Mais auparavant nous devons nous en servir, éprou-
ver ce qu'elle vaut, essayer de la perfectionner et en
pousser l'utilisation aussi loin que nous le pourrons.

Le nombre des catégories de population qui était de 4
en l'an III [1] fut porté à 5 en l'an IV [2], à 7 en l'an
VII [3], à 8 en 1844 [4], à 9 en 1880 [5]. Les modifications (sauf la dernière) se sont toujours effectuées dans
le sens de la division des catégories inférieures de
population.

Nous allons prendre des exemples pour nous rendre
compte de l'effet produit par cette division. Un entrepreneur de maçonnerie (4e classe), habitant une ville
de 40.000 hab. paie un droit professionnel de 45 fr. ;
un autre habitant une ville de 60.000 habit. paie 60 fr.
La valeur locative des locaux occupés dans ces deux
villes étant à peu près la même, la différence de 15 fr.
correspond à peu près à la différence des bénéfices. Il

---

(1) 1° Villes de plus de 50.000 habit. et villes maritimes de plus de 10.000
2° villes de 20 à 50.000 et villes maritimes de 5 à 10.000 ; 3° communes de
plus de 2.000 ; 4° communes de moins de 2.000.

(2) 1° Plus de 100.000 ; 2° de 50.000 à 100.000 ; 3° de 25.000 à 50.000 ;
4° de 5 à 15.000 ; 5° moins de 5.000.

(3) 1° Villes de plus de 50.000 habit. et villes maritimes de plus de 10.000 ;
2° Villes de 20 à 50.000 et villes maritimes de 5 à 10.000 ; 3° de 30 à 50.000 ;
4° de 20 à 30.000 ; 5° de 10 à 20.000 ; 6° de 5 à 10.000 ; 7° moins de 5.000.

(4) 1° Plus de 100.000 ; 2° de 50.000 à 100.000 ; 3° de 30.000 à 50.000 ;
4° de 20 à 30.000 ; 5° de 10 à 20.000 ; 6° de 5 à 10.000 ; 7° de 2 à 5.000 ; 8° de
moins de 2.000

(5) La même chose plus une catégorie pour Paris.

n'en est pas de même dans le cas suivant. Un entrepreneur
de maçonnerie qui habite une commune de 2.400 habitants et qui paie un droit fixe de 15 fr., fait des bénéfices sensiblement égaux à ceux de l'entrepreneur qui
habite une commune de 1.800 habitants et qui ne paie
que 12 francs, soit 20 % de moins. De même la différence de taxation entre une 3ᵉ classe de la 9ᵉ catégorie
(moins de 2000 habit.) et une 3ᵉ classe de la 8ᵉ (de 2.000
à 5.000) est de $(22 - 18) = 4$ francs pour une patente
de 30 à 40 francs, soit 13 à 10 % ce qui est normal,
tandis qu'elle est de $(4 - 1,50) = 2,50$ pour la 7ᵉ classe,
soit 167 % d'écart. Les bénéfices correspondants n'accusent certainement pas cette différence ; tout le monde
nous concèdera en effet, qu'un chiffonnier en détail (7ᵉ
classe) par exemple ne fait pas sensiblement plus d'affaires dans une commune de 3.000 habitants que dans
une autre de 1.800 habitants ; en tous cas, pas une fois
et 2/3 en plus. Il y a ici entre deux catégories de population consécutives un écart de taxation trop considérable.

On dira que cet écart tient à la forme même du
tarif et que, à moins de créer un nombre de classes
très grand, on est forcé de faire un saut pour passer
de l'une à l'autre. Nous pensons ainsi ; mais nous
croyons cependant que le saut est relativement plus
important pour passer d'une catégorie inférieure à une
autre catégorie inférieure que pour passer d'une catégorie supérieure à celle qui la suit, et que les professions des classes inférieures dans les catégories infé-

rieures de population sont trop taxées. Pour remédier
à cet état de choses nous proposons de créer deux catégories nouvelles de population et de modifier les
classes et les tarifs comme il est fait ci-dessous.

Effets de cette réforme :

1° Pour l'Etat. Les quatre premières catégories de
population ne sont pas modifiées ; les changements
apportés pour les autres se mesurent ainsi : la 1re
classe des patentables d'une commune de 32.000 habitants payait avec l'ancien tarif 180 francs ; elle paiera
seulement 140 francs, d'où une perte de 40 francs.
Mais la 1re classe des patentables d'une commune de
29.000 habitants payait avec l'ancien tarif 120 francs,
elle paiera 140 francs, d'où un gain de 20 francs. Le
résultat est une perte nette de 20 francs pour l'Etat
soit 20 : 180 = 11 % du produit du droit professionnel
des patentables de la 1re classe des communes de
30.000 à 50.000 habitants. Le produit de la contribution des patentes pour les communes de cette catégorie est de 5.200.000 francs soit (55°/₀). 2 m. 86 pour le
tableau A et (45°/₀) 1 m. 287.000 pour le droit professionnel dont les 11 °/₀ sont 142.000 francs.

La 1re classe des patentables d'une commune de
5.000 habitants payait 45 francs, elle paiera 50 (+ 5) ;
mais la 1re classe d'une commune de 8.000 habitants
payait 45 francs, elle paiera 40 (— 5). Gain compensé.

Il n'y a donc que les patentables des communes inférieures à 800 habitants qui paieront en moyenne
20 % de moins qu'avant. Or il y a :

CLASSES	à Paris		Plus de 100.000		50.001 à 100.000		30001 à 50000	35001 à 50000	20001 à 30000	25001 à 35000	10001 à 20000	12001 à 25000	5001 à 10000	70001 à 12000	2001 à 5000	4001 à 7000	moins de 200.	2001 à 4000	801 à 2000	Moins de 801
	1	1	2	2	3	3	4	4	5	5	6	6	7	7	8	8	9	9	10	11
1re classe..	400	400	300	300	240	240	180	180	120	140	80	90	60	70	45	50	35	46	35	30
2e classe...	200	200	150	150	120	120	90	90	60	80	45	52	40	45	30	35	25	29	25	20
3e classe...	140	140	100	100	80	80	60	60	40	50	30	36	25	30	22	24	18	20	18	16
4e classe ..	75	75	75	75	60	80	45	45	30	40	25	30	20	25	15	18	12	14	12	10
5e classe...	50	50	50	50	40	40	30	30	20	25	15	20	12	15	9	10	7	8	7	6
6e classe...	40	40	40	40	32	32	24	24	16	20	10	16	8	10	6	7	3	5	3	2
7e classe...	16	16	16	16	12	12	10	10	8	10	*8	*10	*5	*7	*4	*4.5	*1.5	*3	*1.5	*1
8e classe...	10	10	10	10	8	8	6	6	5	6	*5	*6	*4	*5	*3	*3.5	*1	*2	*1	»

Les chiffres noirs indiquent le nouveau tarif.
L'astérisque (') marque l'exemption du droit locatif.

    5854 communes de moins de 200 hab. versant 251.000 fr.
    12952   —   200 à 500 hab. versant   831.000
    5829 (1) —   500 à 800 hab. versant 2.290.000

    24635 commune de moins de 800 hab. versant 4.372.000 fr. de
patente au Trésor, soit (55 %); 2.404.000 pour le tableau A. et
(45 %) 1.082.000 pour le droit fixe de ce tableau dont les 20 %
sont . . . . 216.000 fr.
    Perte déjà calculée   142.000 fr.

    Perte totale. . . . . . .   358.000 fr. soit 37 % du total en prin-
cipal (2).

2° Pour les contribuables. Nous venons de voir que
certains y gagneront et que d'autres y perdront, mais
que, pour l'ensemble d'entre eux, c'est-à-dire pour
1.500.000 commerçants la réforme se traduira finalement par une moins value de 358.000 francs.

Cet avantage est trop faible pour être appréciable. Ce
qui sera bien plus appréciable, c'est ce que nous appellerons le résultat moral de la réforme et, en matière
d'impôts, il n'est pas à dédaigner, ce résultat moral.
Nous croyons que le contribuable paiera plus facilement
l'impôt qu'on lui demande, plus joyeusement oserons-
nous dire, non pas parce qu'il sera moins fort, mais parce qu'il sera plus exact Il faut se persuader en effet
que c'est cela surtout qu'il examine, le contribuable ;
ce n'est pas tant la valeur absolue de l'impôt qu'il re-
doute que sa valeur relative, ce qu'il paie par rapport
à ce que paient ses concurrents. Le contribuable paye

----

(1) 3/5 de 9.705. — *Annuaire.*
(2) *Annuaire de l'Administration des Contributions directes*, p. 171 et
suivantes.

facilement quand il sait qu'il acquitte une juste dette,
même si cette dette est forte ; il paye difficilement et à
contre cœur, avec rancune, il paye avec l'intention de
ne plus payer quand il sait qu'il est indûment surtaxé (1)
ou que son concurrent est dégrevé. Cette mauvaise
disposition que crée une législation grossière ou une
assiette non équitable est inquiétante pour un gouvernement, car elle est contagieuse et peut dégénérer en
danger national. Par la modification des catégories de
population, quelque faible que soit cette réforme, nous
croyons avoir contribué à enrayer cette maladie.

CHAPITRE IV

TAXES VARIABLES PROPREMENT DITES

Les principales de ces taxes sont les taxes par employés, par ouvriers, par machines. Par le terme gé-
nérique de machines nous entendons les feux des fon-
deries, les fours des aciéries, les tavelles, bobines et
broches des filatures, les métiers des tissages, les fosses des tanneries, les cuves des papeteries, les lames des

---

(1) Quoique légalement imposé. Nous ne parlons pas en effet des erreurs
matérielles de taxation ou d'appréciation que les tribunaux administratifs
solutionnent.

scieries, les tables des imprimeurs d'étoffes, les alam-
bics des distilleries, etc..... Chacun de ces éléments,
on le voit, ne s'applique qu'à une industrie, à celle qu'il
caractérise. Ils ne sont donc pas susceptibles d'être généralisés ; autrement dit, nous ne pouvons pas, comme
nous le ferons plus loin pour les employés, essayer
d'introduire ces signes dans la taxation d'autres professions.

Mais si ces éléments ne sont pas susceptibles d'être
généralisés, le procédé, lui, est généralisable. Il consiste à distraire de la masse de l'outillage industriel
une certaine machine dont l'emploi est la caractéristique de la profession et à attacher une taxe à la pos-
session de cette machine. Ce procédé est généralement
mis en usage dans la loi de patentes mais il peut être
appliqué à d'autres industries pour lesquelles ce travail
reste à faire ou pour lesquelles il a été incomplètement
fait. Nous avons essayé d'entreprendre cette réforme (1)
et nous avons piteusement échoué ; mais là où l'individu est impuissant, le Gouvernement peut réussir, car
il dispose de moyens plus étendus et d'une autorité
plus grande. L'administration pourrait provoquer une
enquête, demander l'avis des corps de métiers, des
chambres de commerce, des associations syndicales et
recueillir de ces groupes intéressés les renseignements

(1) Nous avons envoyé à une centaine d'industriels des prospectus où nous
les priions de nous dire la façon dont il faudrait modifier la taxation de leur
profession pour obtenir plus de proportionnalité. Nous n'avons pas reçu une
seule réponse.

dont elle aura besoin. On lui donnera ces renseignements car, si 'dans le commerce (tableaux A et B), les
bénéfices sont variables et sans rapport exact avec rien,
il n'en est pas de même dans l'industrie dont les bénéfices sont en rapport assez exact avec la valeur de
l'outillage. Témoin, chez tous les industriels, le souci
de renouveler cet outillage, témoin les réserves importantes qu'ils opèrent chaque année sur leurs bénéfices
dans le but d'amortir la valeur de leurs machines et de
se tenir prêts, si une découverte nouvelle vient changer
le mode de fabrication, à l'adopter de suite et à s'assurer la priorité sur le marché.

On nous dira : le droit locatif tient déjà compte de
l'outillage puisqu'il porte sur la valeur locative et,
d'après l'article 12 de la loi du 15 juillet 1880, cette valeur locative s'entend, pour les établissements industriels, des locaux pris dans leur ensemble, et munis de
tous leurs moyens matériels de production. Il est vrai ;
mais il est aussi vrai qu'il en tient compte dans une
trop faible mesure. Un exemple va le faire comprendre :
Un industriel a un outillage d'une valeur vénale de
20.000 francs, soit une valeur locative de 1.000 francs
(taux de 5 %), pour lequel il paie un droit locatif de
20 francs (au 50e). Un autre industriel a le même outillage, mais il a remplacé une machine ancienne par une
autre qui double sa production et qui lui coûte 6.000
francs de plus. Il paie sur 1.300 francs (26.000 à 5 %)
au 50e, soit un droit locatif de 26 francs. Pour une productivité double, l'impôt n'a varié que de 20 à 26 francs.

Si l'on introduit au contraire la machine dans les taxes variables adjointes au droit professionnel, on aura dans le premier cas : Droit professionnel : 5 fr. (pas de machine) ; droit locatif (1.000 fr., au 50ᵉ) : 20 fr. ; en tout 25 fr. — Dans le deuxième : Droit professionnel 5 fr ; 1 machine : 10 fr. par exemple ; droit locatif (1300 fr. au 50ᵉ) : 26 ; en tout : 41 fr. Gradation meilleure. — La taxe variable agit plus efficacement, plus visiblement que le droit locatif ; c'est sa principale utilité.

Ici s'arrêtent les remarques que nous avions à produire sur l'indice Machines ; nous avons montré que la réforme serait utile et nous avons indiqué le sens dans lequel elle doit être effectuée ; nous laissons à d'autres le soin de la réaliser.

Nous nous occuperons des employés (commerce, haut commerce et banque) et des ouvriers (industrie).

§ 1. — Employés

On s'en sert comme élément de taxation depuis 1880, mais on n'a pas généralisé leur emploi ; ils figurent dans 15 professions du tableau B et c'est tout. Pourquoi ne figurent-ils pas au tableau A ? En quoi les professions du tableau A diffèrent-elles de celles du tableau B ? — Elles ne diffèrent en rien ; ce sont les mêmes ; le tableau B est issu du tableau A, c'est le tableau A prolongé ; une profession du tableau A, quand elle est exercée dans de

certaines conditions, quand son importance dépasse certaines limites, devient passible des droits du tableau B ;
c'est une question de plus et de moins, ce n'est pas une
différence de principe.

Ainsi les marchands d'alcool et eau-de-vie sont en
5ᵉ classe, s'ils vendent en détail ; ils figurent au tableau B s'ils vendent en gros ou en demi-gros ; il en est
de même des marchands de cidres ; les loueurs de voitures suspendues sont en 5ᵉ classe et les entrepreneurs
de cabriolets, fiacres et autres voitures sous remise ou
sur place, les entrepreneurs d'omnibus, de wagons sont
au tableau B ; les voituriers sont à la 8ᵉ classe s'ils n'ont
qu'un équipage, à la 5ᵉ s'ils en ont de 2 à 5, au tableau B, s'ils sont entrepreneurs de roulage ; les agents
d'assurances sont à la 8ᵒ classe s'ils n'ont ni sous-agent,
ni employé, à la 7ᵉ s'ils ont des sous-agents et des employés et les entrepreneurs d'assurances maritimes sont
au tableau B ; dans ces derniers cas, ils sont taxés
d'après la population et le nombre de personnes qu'ils
emploient en sus de cinq ; il en est de même des
escompteurs (1ʳᵉ classe) et des banquiers (tableau B),
des commissionnaires en marchandises qui s'entremet-
tent seulement pour la vente aux marchands détaillants
et aux consommateurs (4ᵉ classe) et des commissionnaires
en marchandises qui font toutes sortes d'opérations
(tableau B) ; du courtier de frêt pour la navigation intérieure (2ᵉ classe) et du courtier de frêt pour la navigation maritime ou intérieure (tableau B) ; du marchand
de vêtements confectionnés en demi-gros (3ᵉ classe) et

de celui qui tient un magasin pour la vente en demi-
gros de vêtements confectionnés et qui occupe plus de
10 employés (tableau B) ; du marchand d'épicerie en
demi-gros (2ᵉ classe) et de celui qui tient un magasin
pour la vente en demi-gros d'épicerie et qui occupe
plus de 10 employés (tableau B).

Toutes les professions du tableau B citées ci-dessus
sont soumises à un droit professionnel qui varie avec
la population, comme celles du tableau A, à un droit locatif, comme celles du tableau A et en plus à des taxes
par employés qui varient, elles aussi, avec la population.
Le tableau A ne prévoit pas ces taxes. Pourquoi cette
différence et, puisque les professions sont les mêmes,
pourquoi ne pas leur appliquer le même procédé de
taxation? On dira que la réforme n'en vaut pas la
peine, qu'on ne peut pas morceler les tarifs à l'infini
et qu'après avoir augmenté le nombre des catégories
de population, comme nous l'avons fait, après avoir
ainsi abouti à des droits de 1 franc, on ne peut, sous
prétexte de proportionnalité, diviser encore ces droits
de 1 franc et les décomposer en une taxe fixe et une
taxe par employé. Ces arguments sont bons ; mais
ils n'ont pas de valeur dans le cas présent, car la
division que nous voulons faire ne s'appliquera pas à
ces cas limites ; elle n'agira que dans les catégories
supérieures et les catégories inférieures l'ignoreront
toujours. En effet un chiffonnier en détail dans une
commune de 500 habitants (droit professionnel: 1 franc)
n'aura jamais d'employé, pas plus qu'un voiturier à un

équipage (droit professionnel : 1 franc). Au contraire un
marchnad de vêtements confectionnés dans une ville de
60,000 habitants peut avoir 3, 4, 6, 10 employés, un
marchand d'épicerie en gros peut avoir 4 ou 5 employés et 1, 2 ou 3 voyageurs. Est-il juste que le droit
fixe ne porte pas sur ces éléments ? Est il normal que
tous les commerces semblables exercés dans des locaux sensiblement semblables paient le même droit
fixe dans la même ville que le nombre de leurs employés soit de 1, 2, 3, 4, 6 ou 10?

Nous sommes persuadé que cette anomalie peu
sensible dans les basses classes et dans les catégories
inférieures de population, se fait sentir cruellement
dans les classes et catégories plus élevées. Un exemple
montrera la vérité de ce que nous avançons.

Tarif actuel. — Marchand d'épicerie en demi-gros,
installé dans une ville de 40.000 habitants — 2ᵉ classe.

1º Ayant 1 employé .	90 fr.	2º Ayant 4 employés	90 fr.
20ᵉ sur 2.200	110 fr.	20ᵉ sur 2.500	125 fr.
	200 fr.		215 fr.
3º Ayant 1 employé .	90 fr.	4º Taxe déterminée .	150 fr.
20ᵉ sur 3.200	160 fr.	Ayant 12 employés	20 fr.
	250 fr.	12ᵉ sur 3.600	300 fr.
			470 fr.

Ainsi jusqu'à 10 employés, la patente reste sensiblement la même ; elle ne changerait même pas du tout si
dix employés pouvaient évoluer dans un espace aussi
restreint que deux, car la faible augmentation de la
patente est due uniquement au droit locatif. Puis, tout

d'un coup, pour une augmentation de 2 employés, une imposition presque doublée. Voici un autre exemple.

Tarif actuel. — Marchand de vêtements confectionnés en demi-gros installé dans une ville de 8.000 habitants, — 3ᵉ classe.

1° Ayant 1 employé .	25 fr.	2° Ayant 4 employés	25 fr.
20ᵉ sur 1.200	60 fr.	20ᵉ sur 1.700	85 fr.
	85 fr.		110 fr,
3° Ayant 10 employés.	25 fr.	4° Taxe déterminée	150 fr.
20ᵉ sur 2.400	120 fr.	Ayant 12 employés.	20 fr.
	145 fr.	12ᵉ sur 2.700	225 fr.
			395 fr·

Mêmes remarques que ci-dessus, même taxation stationnaire d'abord , puis brusque surtaxe à l'occasion du 11ᵉ employé.

Nous proposons pour remédier à ces erreurs de modifier les droits fixes de toutes les classes du tableau A dans la proportion suivante : de les augmenter de moitié si le patentable possède 2, 3, ou 4 employés, de les doubler s'il en possède 5, 6 ou 7, de les tripler s'il en a 8, 9 ou 10. Les résultats obtenus seraient les suivants :

Tarif nouveau. — Marchand d'épicerie en demi-gros, installé dans une ville de 40.000 habitants — 2ᵉ classe.

1° Ayant 1 employé	90 fr.	2° Ayant 4 employés	135 fr.
20ᵉ sur 2.200	110 fr.	20ᵉ sur 2.500	125 fr.
	200 fr.		260 fr.
3° Ayant 10 employés	270 fr.	4° Ayant 12 employés	470 fr.
20ᵉ sur 3.200	160 fr.	(Tabl. B) Pas de changement.	
	430 fr.		

Marchand de vêtements confectionnés en demi-gros. installé dans une ville de 8.000 habitants — 3ᵉ classe.

1º Ayant 1 employé	25 fr.	2ᵉ Ayant 4 employés	37 fr.
20ᵉ sur 1.200	60 fr.	20ᵉ sur 1.700	85 fr.
	85 fr.		122 fr.
3º Ayant 10 employés	75 fr.	4ᵉ Ayant 12 employés	395 fr.
20ᵉ sur 2.400	120 fr.	(Tabl. B) Pas de changement.	
	195 fr.		

Cette nouvelle tarification donnera des résultats plus logiques, car les impositions sont mieux graduées ; elle supprime l'élévation brusque de la taxation dans le passage du tableau A au tableau B ; d'autre part, elle ne nuit pas aux petits commerçants, à ceux qui n'emploient pas de commis ou qui n'ont que le manœuvre qui leur est indispensable pour les grosses besognes, puisque l'augmentation des droits ne commence qu'avec le deuxième employé. Cette nouvelle tarification agit ainsi dans le sens des lois nouvelles et, comme celles-ci, elle tend à protéger la petite propriété et le petit commerce qui sont un élément de stabilité et la source de la prospérité générale ; elle tend à empêcher la concentration des capitaux aux mains d'un petit nombre de gros capitalistes, qui sont une sorte d'oligarchie financière redoutable.

Résultats financiers de ces modifications.

Nous ne pouvons pas les indiquer sûrement car les statistiques financières ne nous fournissent aucune base d'évaluation. Nous allons raisonner sur des hypothèses en nous efforçant de les rendre plausibles. Nous croyons qu'aucune des professions classées en 8ᵉ, 7ᵉ, 6ᵉ classes (marchands en détail et petit détail) ne comporte l'emploi de plus d'un employé, ces professions sont donc en dehors de la réforme. Pour les autres classes, nous admettons que sur 100 commerçants 60 n'ont qu'un employé ou n'en ont pas, que 25 en ont 2, 3 ou 4, que 10 en ont 5, 6, ou 7 et que 7 en ont 8, 9 ou 10.

Le tableau A produit un droit fixe de 24.000.000
Déduire ; 8ᵉ classe. 77000 patentés à 4 (moyenne) .   308.000
       7ᵉ classe. 24 000 patentés à 6   —   . 1.440.000
       6ᵉ classe. 503.000 patent. à 10   —   . 5.300.000

                    Soit 6.778.000
         Enlevons 60 %. soit . . . . 10 mill. 2

                 Reste . . . . 6 mill. 2

dont 25 % soit 1 million rehaussé de 1/2 soit   0 million 35
    10 % soit 0 million 68 doublé . .   1 million 36
    5 %ₛ soit 0 million 34 triplé . .   1 million 02

                       3 millions 28
soit un gain total de 3 millions 230.000 francs (1).

§ 2. — Ouvriers

La loi du 6 fructidor an **IV** (art. 19) porte que les manufacturiers qui ne vendent point en détail sont exempts de patente. La loi du 9 frimaire an **V**, dans son article 2, rapporte cette exemption qui tournait en privilège. Elle établit que tout manufacturier ou fabricant est tenu de se munir d'une patente immédiatement

---

(1) Annuaire de l'administration des contributions directes, pages 171 et suivantes.

supérieure à celle des marchands qui vendent en détail
les objets de même genre que ceux qu'ils fabriquent.
Les lois suivantes définissent la zône d'application en
portant que cet article 2 ne concerne pas les fabricants à
métiers qui n'entretiennent pas plus de cinq métiers
chez eux ou en dehors (art. 1, loi du 9 pluviose an V)
et on définit : Sont réputés fabricants ou manufacturiers
tous ceux qui convertissent des matières premières en
des objets d'une autre forme ou qualité soit simple, soit
composée, à l'exception néanmoins de ceux qui mani-
pulent les fruits de leur récolte (art. 10, 7 brumaire
an VI). Ces mesures peu rigoureuses, peu précises,
correspondent au peu d'importance de la production
industrielle de cette époque. Cette législation dure jusqu'en 1844. A ce moment l'industrie, sous l'effet des
découvertes récentes, se développe rapidement et son
brusque essor attire presque toute l'attention du législateur; les ouvriers surtout l'occupent beaucoup ; ils
figurent comme éléments de taxation dans 37 professions c'est-à-dire dans le 1/4 des professions nouvelles ;
puis successivement dans 85, 92, 100, 103, 123, 125,
142, enfin dans 174 (sur 339), soit dans la moitié d'entre elles. On a poussé l'utilisation de ce signe d'une
manière rationnelle et logique et il n'y a plus rien à
faire dans le même sens. D'heureuses dispositions de loi
atténuent la portée des tarifs dans certains cas particuliers (art. 10, loi du 4 janvier 1850 — art. 10, loi du
15 juillet 1880).

Nous voulons parler à propos des ouvriers d'une dis-

position de la loi qui s'y rapporte, de l'exemption des
ouvriers seuls. Dès l'origine et pour éviter toute équi-
voque on a porté dans la liste des exemptions les commis, ouvriers, journaliers et toutes personnes travaillant à gages pour autrui (art. 19, loi du 6 Fructidor
an IV). A proprement parler, ce n'était pas là une
exemption, l'exemption étant l'infraction à une règle
préétablie; cet article était plutôt une délimitation de
la zône d'application de la loi ; c'était une manière indi-
recte de compléter la liste des professions imposables ;
c'était comme si on avait dit: la patente atteint les revenus commerciaux et industriels ; l'ouvrier seul n'a
pas de revenus de cette sorte ; la patente ne doit pas
l'atteindre.

La loi du 9 Frimaire an V (art. 1) fit œuvre nouvelle ; elle étendit la disposition précédente aux ouvriers « qui travaillent chez eux, pour le compte d'autrui, soit à la journée, soit à la pièce, qui n'emploient
pas d'ouvriers et n'exposent pas en vente le produit de
leur industrie ». Il y avait là création d'une véritable exemption, car l'ouvrier qui travaille chez lui
possède ses outils ; ces outils sont un capital et les revenus de cette source sont des revenus mixtes. Mais
l'exemption, dans ce cas, se comprend, car, dans cette
sorte de revenus, la part qui revient au travail l'em-
porte de beaucoup sur celle qui revient au capital ;
cette dernière est négligeable. Il y a, à la vérité, production d'un revenu mixte, mais le revenu se rapproche
beaucoup des revenus de la 3e catégorie. L'exemption

précédente fut complétée par l'article 3 de la loi du 9
Pluviôse an V (1), les articles 14 et 15 de celle du 1er
Brumaire an VI (2); l'article 29 de celle du 1er Brumaire an VII (3); l'article 15 de celle du 25 avril
1844 (4); l'article 11 de celle du 4 juin 1858 (5); l'article
3 de celle du 2 juillet 1862 (6); l'article 3 de celle du 2
août 1868 (7) et l'article 17 de la loi du 15 juillet 1880 (8).
Il résulte de cette législation que les revenus mixtes
sont exemptés de la patente quand l'ouvrier travaille
seul ou avec des personnes sur le travail desquelles il
ne peut pas spéculer (enfants, alliés, parents).

(1) Ne sont pas compris comme ouvriers, les enfants travaillant chez leur
père et exerçant la même profession que lui.
(2) Les ouvriers travaillant pour autrui sont ceux qui travaillent dans les
ateliers et boutiques de ceux qui les mettent en œuvre. Ne sont pas réputés
ouvriers travaillant pour le compte d'autrui ceux qui travaillent chez eux
pour les marchands ou fabricants en gros ou en détail ou pour les particuliers.
- (3) Reproduction des articles précédents.
(4) Les commis et toutes les personnes travaillant à gages, à façon et à la
journée dans les maisons, ateliers et boutiques des personnes de leur profession, ainsi que les ouvriers travaillant chez eux ou chez les particuliers, sans
compagnon, apprenti, enseigne ni boutique.
(5) La disposition précédente est applicable aux ouvriers travaillant dans
ces conditions pour leur propre compte et avec des matières leur appartenant.
(6) Exemption pour l'ouvrier travaillant en chambre avec un apprenti de
moins de 16 ans.
(7) Extension de l'exemption aux ouvriers ayant une enseigne et une
boutique.
(8) Les règles précédentes sont résumées ainsi : Exemption pour: 1° les commis et toutes les personnes travaillant à gage, à façon et à la journée, dans
les ateliers et boutiques des personnes de leur métier; 2° Les ouvriers travaillant chez eux ou chez les particuliers, sans compagnons, ni apprentis, à façon
ou avec des matières leur appartenant, qu'ils aient ou non une enseigne; 4° La
3° Les ouvriers travaillant en chambre avec un apprenti de moins de 16 ans;
veuve qui continue avec l'aide d'un seul ouvrier ou d'un seul apprenti la profession exercée par son mari. La femme et les enfants non mariés ne sont pas
considérés comme imposables.

Cette rédaction est mauvaise, car voici les résultats qu'elle produit :

1° Un menuisier seul fait une porte et fournit le bois ; il met deux jours à ce travail et il en demande 20 francs. Cette somme peut se décomposer ainsi : 14 francs pour la fourniture du travail ; 5 fr. 50 pour la fourniture du bois ; 0 fr. 50 pour l'intérêt du capital-outils. Ce menuisier est exempt de la patente en vertu des dispositions de l'article 17 (ouvrier seul).

2° Un menuisier a un ouvrier ; il fait une porte et en fournit le bois ; il lui faut un jour de travail et il demande également 20 fr. de rénumération, soit : 7 fr. pour son travail personnel, 3 fr. pour le travail de l'ouvrier, 5 fr. 50 pour la fourniture du bois, 0 fr. 50 pour l'amortissement du capital outils ; il reste 4 fr. qui représentent la spéculation sur le travail de l'ouvrier. Il est imposable.

3° Un menuisier seul fait une porte en fournissant le bois, mais il ne met à ce travail qu'une demi journée, car il a un moteur qui actionne une raboteuse, une perçeuse, une mortaiseuse ; il demande 20 fr., soit : 3 fr. 50 pour son travail personnel, 5 fr. 50 pour la fourniture du bois et 11 fr. pour l'amortissement du capital outils. Il est exempt de patente en vertu des dispositions de l'article 17 (ouvrier seul).

Ainsi dans les trois cas, le revenu mixte est de 20 fr. : de ce revenu de 20 fr., 30 % se rapportent au capital dans le 1er cas (exemption) — 50 % dans le 2e (imposition) — 82 % dans le 3e (exemption). Ce résultat n'est pas juste et le législateur n'a certainement pas voulu qu'il se produise ; mais il s'est mal exprimé et le résultat injuste se produit. Il devrait y avoir lieu à imposition dans le troisième cas, car un moteur peut être assimilé à un ouvrier ; il est même souvent préféré à un ouvrier, car il est obéissant, habile, économique et rapide ; aucun ouvrier n'a ces qualités. Puisque le moteur est au moins l'égal de l'ouvrier pourquoi traiter exceptionnellement celui qui le possède. Le moteur est un capital relativement important et les revenus qui proviennent de son utilisation sont de véritables revenus mixtes.

Nous proposons de compléter les dispositions de l'article 17 en portant qu'elles ne s'appliquent pas au cas où le patron possède un moteur dont la force est suffisante pour remplacer au moins un ouvrier.

CHAPITRE V

DROIT LOCATIF

Nous avons déjà fait son éloge ; sa valeur consiste en ce qu'il résume en un seul chiffre des éléments divers, difficilement appréciables en argent : valeur de l'immeuble, importance du commerce, situation par rapport

7

aux débouchés et à la clientèle, désirs du preneur et du bailleur. C'est donc un signe très utile.

On s'est vite aperçu de cette propriété et on l'a utilisée dès l'an IV à la taxation des professions ; à cette époque, le droit locatif fut uniformément fixé au 10e (1) ; on lui conserva ce taux jusqu'en 1844. A ce moment on se décida à le modifier, mais avant d'entreprendre cette réforme importante, on voulut s'assurer une fois pour toutes de la légitimité de son assiette. On discuta longuement ; on examina s'il était juste de l'établir sur la maison d'habitation, sur les locaux commerciaux et industriels, sur l'outillage qui les garnit. Toutes ces questions furent résolues affirmativement (2). L'objet principal de la loi fut abordé ensuite ; on avait le projet 1° d'abaisser le taux du 10e, reconnu par tous comme étant trop élevé (3) ; 2° de le faire varier avec les professions, car on avait remarqué que certaines d'entre elles réalisaient de gros bénéfices dans des locaux exigus (banquiers), et que d'autres exigeaient des locaux importants (briqueteries, filatures, usines en général) pour obtenir des bénéfices relativement plus faibles. On tint compte de ces considérations ; on abaissa le taux du 10e au 20e pour 800 professions, au 40e pour 500 autres. Cette amélioration fut poursuivie dans la suite, et

(1) Sauf pour les paumiers (20e) et les maîtres d'hôtels garnis (40e), art. 2. 9 Frimaire an VII.

(2) Voir *Journal Officiel* 1844, 1er semestre, p. 414 et suivantes.

(3) Par l'administration elle-même qui avait pris l'initiative d'établir des valeurs locatives fictives, inférieures à la valeur locative réelle du quart, du tiers, de la moitié selon les départements.

nous voyons successivement apparaître 5 taux, puis 6, puis 7, puis 8. Actuellement il y en a 14 (1) qui sont gradués du 1/3 au 1/100 de la valeur locative selon les professions et selon le rapport qu'il peut y avoir entre la valeur locative de leurs établissements et les béné- fices qui y sont faits.

§ 1. — Nous ne voyons rien à changer à cet état de choses, nous ne sommes pas de l'avis de M. Deslon- grais qui, le 7 mars 1844, proposait de faire varier pour une même profession le droit locatif avec la population et de l'établir ainsi, par exemple, pour les villes :

De plus de 100.000 h.	De 80 à 100.000 h.	De 30 à 50.000 h.	De 20 à 30.000 h.
1/12	1/14	1/15	1/16

De 10 à 20.000 h.	De 5 à 10.000 h.	De 2 à 5.000 h.	Moins de 5.000 h.
1/17	1/18	1/19	1/20

Pour justifier ses propositions, M. Deslongrais don- nait cette raison que la proportion du loyer n'est pas la proportion des bénéfices et il prétendait qu'avec un taux uniforme les petites communes étaient trop taxées. La proposition fut rejetée pour les raisons suivantes. Les locaux ne sont pas proportionnels aux bénéfices, c'est vrai, et, dans des locaux semblables situés les uns dans une petite commune, les autres dans une commune peuplée, on peut faire des bénéfices très différents. Mais la valeur locative de ces locaux semblables dans deux communes de population différente n'est pas la même ;

---

(1) Voir le tableau en annexe.

elle varie du simple au double, au triple, au décuple, presque comme les bénéfices. Ce fait est palpable ; nous connaissons une maison de deux pièces située dans une commune reculée de la Savoie dont la valeur locative est de 80 francs par an. Cette même maison vaudrait 300 francs dans une commune de 30000 habitants et 600 si elle était à Paris. Nous pourrions citer des scieries mues par le Doubs et employant la même force qui sont évaluées 200, 500, 900 et 1200 francs de valeur locative annuelle selon qu'elles sont situées dans des communes de 300, 800, 200 ou 4000 hab. Ces chiffres traduisent à peu près la proportion des bénéfices, car, en se rapprochant des agglomérations, l'usinier se rapproche en même temps des débouchés (routes, voies ferrées, canaux), des acheteurs (hôtels plus confortables) et de la main d'œuvre (elle se loge plus facilement et plus agréablement). La valeur locative oscille sous toutes ces influences et les traduit admirablement.

§ 2. — Le droit locatif porte aussi sur la maison d'habitation : c'est que la valeur du logement indique également le degré de prospérité de la profession. On consacre en général à son logement une somme proportionnée à ses revenus (le 1/6 ou le 1/7 en moyenne) ; on le restreint quand les revenus sont faibles et c'est la première chose qu'on augmente quand ils recommencent à croître.

Mais il est des cas où cette valeur a besoin d'être interprêtée. Par exemple, un commerçant ou un industriel, s'il est célibataire, possède un appartement moins grand que s'il est marié et moins grand encore que s'il a des enfants ; dans ce dernier cas, l'importance du logement n'indique pas celle du commerce, mais celle de la famille. Ce n'est pas ça qu'on veut ; on doit donc tenir compte de ces différents cas ; nous proposons dans cet objet de doubler la valeur locative du logement du célibataire et de réduire au contraire celle du commerçant marié du quart s'il a trois ou quatre enfants, du tiers s'il en a cinq ou six et de moitié au-dessus de ce nombre.

Nous n'avons aucun élément pour évaluer le résultat de cette réforme. Mais nous croyons qu'il apportera au produit total de la patente une moins-value très faible, car la partie du droit professionnel revenant à la maison d'habitation est faible et le nombre des commerçants et industriels ayant 3, 4 enfants et plus n'est pas élevé, surtout dans les classes aisées.

CHAPITRE VI

NOMBRE D'ÉTABLISSEMENTS DE VENTE

Une loi récente (27 février 1912, art. 2), a décidé que les patentables exploitant plus de 5 établissements pour la vente de denrées ou marchandises seront assujettis à un rehaussement de droits déterminé comme il suit : le droit professionnel et le droit locatif seront augmentés d'un 1/5 si le nombre des établissements ne dépasse pas 10, d'un tiers si ce nombre est compris entre 11 et 20, de moitié s'il est compris entre 21 et 50 ; ils seront doublés si ce nombre est supérieur à 50.

D'autres disposions privent également ces patenta bles de certaines mesures de faveur.

Nous nous contentons de citer ces dispositions et de faire remarquer qu'elles procèdent du même esprit que celles que nous avons vues plus haut : favoriser le petit commerce et empêcher la concentration des capitaux aux mains d'un petit nombre. L'accroissement de patente est basé sur ce fait que les frais généraux d'une grande entreprise s'accroissent moins que proportionnellement à cette entreprise.

CHAPITRE VII

MARCHANDS AMBULANTS

La taxation de cette catégorie nombreuse de patentables a retenu notre attention, car elle a beaucoup varié et elle présente certaines anomalies. D'abord, il est évident que les marchands ambulants doivent être assujettis à la patente, car ils font des actes de commerce ; ce sont même les plus commerçants des commerçants. Ils séduisent le client en lui présentant leurs marchandises d'une manière adroite. D'autre part ils n'ont pas la responsabilité du commerçant établi, qui a intérêt à livrer de bons produits ; les marchands forains n'ont pas intérêt à vendre de la bonne marchandise, ils ont même intérêt à en vendre de la mauvaise, c'est dire qu'ils le font. De cette façon ils nuisent aux consommateurs qu'ils dupent et aux commerçants établis qu'ils privent d'une partie de leur clientèle. La patente qu'on leur impose doit donc être représentative de deux choses : 1° d'un impôt sur les bénéfices qu'ils font, comme toutes les patentes ; 2° d'une taxe prohibitive, pour empêcher leur développement excessif. D'autre part, il faut, comme ces commerçants sont soumis à beaucoup de vicissitudes, leur laisser toutes facilités pour l'obtention de ces patentes, selon le mode et la durée qu'ils désirent.

Nous allons voir si leur taxation actuelle satisfait à ces trois conditions.

Les origines de cette taxation remontent à la création de la patente :

En l'an IV ils paient : avec voitures, 40 francs ; avec chevaux et bêtes de somme, 30 francs ; avec balle, 10 francs; avec balle et sans domicile, 20 francs(1). Droit locatif au 1/20e

An VI : Les mêmes droits, avec cette restriction que

_____

(1) Pour tenir compte de l'absence du droit locatif.

les colporteurs avec balle paieront le droit de 20 francs, sans droit locatif, qu'ils aient ou non un domicile.

1817. Les droits sont élevés respectivement à 80, 60 et 20 francs.

1844. Tableau C. — Marchand forain :

A 3 colliers et plus ou ayant plus d'une voiture.	200 francs.
2 — et 1 voiture.	120 —
1 — —	60 —
Avec bête de somme	40 —
Avec balle	15 —

Droit locatif au 15e

Les droits sont réduits de moitié si le marchand forain ne vend que de la boissellerie, de la poterie, de la vannerie ou des balais.

1858. La réduction de moitié s'applique aussi à la vente des bouteilles et des pierres à aiguiser.

1868. Les droits professionnels sont réduits à 120, 60. 40, 15 et 8 francs.

1880. On établit un nouveau tarif qui est:

Avec voiture : 20 francs par voiture et 20 francs par collier	
Avec bête de somme	15 —
Avec balle.	8 —

La réduction de moitié s'applique à la vente des mêmes objets que ceux désignés plus haut, et à celle de la fonte ouvragée.

De plus une autre réduction de moitié est spécifiée pour les marchands forains qui ne sont pas à plus de 20 kilomètres de leur résidence ou qui attellent leur voiture avec des ânes. Droit locatif au 20e.

1890. Les mêmes dispositions subsistent, mais les

marchands forains non domiciliés dans le département paient un droit locatif fixe de 10 francs s'ils ont une voiture, de 5 fr. dans les autres cas.

1905. Le droit professionnel est réduit à 15 fr. pour les voitures à deux roues et à 15 fr. pour les chevaux qui y sont attelés. Le droit locatif des marchands qui n'ont pas de domicile fixe est dû au tiers du droit professionnel. La réduction de moitié est étendue à ceux qui vendent du vin, de la bière, du cidre ou du sel.

Les marchands déballeurs sont imposés par analogie avec les tarifs ci-dessus eu égard aux quantités transportées.

Cette taxation est suffisamment discriminée ainsi et elle répond aux deux premières conditions que nous avons posées à priori : impôt et taxe prohibitive ; elle est suffisamment élevée et on gagnerait peu à la compliquer. Cependant elle ne contient aucune disposition sur les marchands forains qui voyagent avec des voitures automobiles. Ces commerçants n'en sont pas moins assujettis à la patente et celle-ci est établie d'après le nombre de voitures et colliers qu'ils devraient avoir, à défaut d'automobile, pour le transport des marchandises que cette automobile contient. Le tarif de conversion est ainsi laissé à la latitude du contrôleur ; il peut ne pas être uniforme. Nous nous sommes rendu compte du poids des marchandises transportées et de la puissance des moteurs, et nous avons constaté que la charge d'une voiture à quatre roues quand elle est traînée par un cheval (droit professionnel 40 fr.) exigeait un mo-

teur de sept chevaux-vapeur (monocylindre), dix chevaux (bicylindre) si elle devait être traînée par deux
chevaux et seize chevaux vapeur si elle devait être traînée par quatre (droit professionnel de 100 fr.); cette
taxation ressort ainsi en moyenne à 6 fr. par cheval
vapeur. L'automobile étant un moyen de transport plus
rapide et moins embarrassant que le cheval, nous proposons de hausser légèrement la taxe et d'ajouter au
tarif : « Marchand forain avec voiture automobile, 8 fr.
par cheval vapeur. »

Le résultat financier de cette réforme ne peut être
évalué, mais il se soldera certainement par une légère
plus-value.

Quant à la troisième condition, facilité pour l'obtention de la patente, c'est elle qui fait le plus défaut dans
la législation actuelle. En effet en vertu du principe de
l'annualité, principe qui figure dans la loi dès l'origine
(4 Thermidor III, art. 87) les patentes ne peuvent être
demandées que pour une année entière ou pour le pro-
rata du temps qui resterait à courir de l'année à l'époque
où elles seraient demandées. Il résulte de cette disposition une conséquence injuste dont nous allons donner
des exemples.

Beaucoup de cultivateurs de la Savoie ou du Plateau
central quittent leur village après la récolte des fourrages et se rendent pendant six mois environ dans le
Nord et l'Est de la France pour y vendre de la toile,
des images, des objets de piété, de la mercerie, etc. Ils
consacrent à l'achat de ces marchandises leurs écono-

mies de l'été, c'est-à-dire quelques centaines de francs
au maximum et ils voyagent la balle au dos. Actuellement, pour les six mois pendant lesquels ils veulent cir-
culer, ces petits commerçants paient une patente de :

15 fr. 11 (en principal, soit en réalité au moins 30 fr.) s'ils la
demandent le 1er août.
10 fr. 67 s'ils la demandent le 1er janvier.
5 fr. 33 s'ils la demandent le 1er juillet.

Autre exemple : Dans la région du Doubs sise à proximité de la frontière suisse, certains individus du pays
voisin viennent en France les jours de foire pour y dé-
biter des graines, des légumes, de la bimbeloterie ; ils
sont passibles de ce fait d'une patente de 20 francs. Si
la vente doit avoir lieu à la foire de décembre, ces individus paieront 1 fr. 67 ; si c'est à celle de janvier, 20 fr ,
soit 12 fois plus.

Nous croyons que, dans des cas semblables, il faudrait négliger le principe d'annualité et admettre ces
commerçants à demander des patentes mensuelles.
D'abord il n'y aurait rien de nouveau à cette disposition ; la loi du 2-17 mars 1791, art. 15, admettait déjà
les propriétaires et cultivateurs qui voulaient vendre en
détail des boissons de leur cru, à demander des patentes
pour un ou plusieurs mois : 2° il y a déjà des exceptions à ce principe d'annualité en faveur de l'Etat (rôles
supplémentaires) et du contribuable (décès, faillite, trans-
fert) ; pourquoi ne pas admettre la nouvelle dérogation
que nous proposons ? Nous convenons que le principe de l'annualité donne aux finances de la stabilité et

que sa suppression rendrait l'assiette de l'impôt beaucoup plus difficile ; ce principe est nécessaire et nous com-
prenons qu'on le conserve ; nous sommes même d'avis
qu'on continue à l'appliquer aux marchands forains qui
transportent leurs marchandises par voitures ou par
autos; car, chez ceux-là, le fait d'acheter une voiture, un
cheval, des marchandises nécessite l'existence d'un
capital de quelques milliers de francs et suppose l'intention d'exercer un commerce pendant longtemps, d'en
faire une source habituelle de bénéfices. Ce n'est
pas le cas des marchands forains avec balle ou avec
voiture à bras que nous avons cités en exemple et c'est
pour eux seulement que nous demandons une dérogation au principe d'annualité. Le cultivateur savoyard
ou limousin, l'indigène suisse font des actes de commerce exceptionnels ; leur métier c'est d'être cultivateurs, gardiens de troupeaux ; ils ne deviennent commerçants que par nécessité, parce que leur pays est
inhospitalier et improductif pendant une saison entière
et qu'ils mourraient de faim s'ils y demeuraient. Cette
raison vaut bien celle qui a autorisé les autres déro-
gations.

Le résultat financier de ce changement est impossible à évaluer, mais on peut supposer que ce sera une
moins-value peu élevée, car l'injustice de la loi actuelle
fait que certains colporteurs ne se munissent pas immédiatement de patente et que, faute d'être surveillés, ils
circulent gratuitement pendant un ou plusieurs mois et
se procurent ainsi d'eux-mêmes le dégrèvement qu'ils

attendent en vain de la loi. Avec notre réforme, cet état
de choses cesserait, surtout si on établissait, pour défaut
de patente, une peine plus sévère que la confiscation
provisoire ou le cautionnement, seules sanctions actuelles de la loi.

CHAPITRE VIII

LES AVANTAGES DU MAINTIEN DE LA PATENTE

Telles sont les idées qu'ont suscitées en nous deux
années de pratique financière. Elles n'ont rien de trans-
cendant ; elles sont communes et pratiques, nous le
reconnaissons, nous croyons même, qu'elles tiennent
de ce fait le peu de valeur qu'elles peuvent avoir.
Nous y avons fait entrer intentionnellement très peu
de théorie, juste ce qu'il fallait pour les amalgamer à
la loi actuelle et faire en sorte que la pièce dont nous
voulons la raccommoder ne soit pas visible.

Nous avons tenu à nous rendre compte si les plaintes
que nous entendons chaque jour et qui se rattachent à
trois ou quatre chefs d'accusation, toujours les mêmes,
étaient vraies et si on pouvait y remédier facilement
sans tout bouleverser comme il est trop souvent ques-

tion de le faire. Nous croyons qu'il est possible d'agir
ainsi et nous pensons avoir montré que la vieille loi de
patentes était susceptible de perfectionnement qu'elle
pouvait encore, quelque vieille qu'elle soit, donner satisfaction aux revendications populaires.

Nous tenons à cette loi de patente. et nous croyons
qu'il faut y tenir, car elle a beaucoup de qualités.

§ 1. —- Elle se recommande aux gouvernements par
son rendement sûr et progressif. Le rendement est sûr,
car l'impôt porte sur des choses fixes, visibles, sur des
choses qu'une crise ou un bouleversement ne font pas
disparaître rapidement : des employés, des maisons, de
l'outillage. C'est un grand avantage et c'est surtout appréciable en temps de guerre. A ce moment, l'impôt est
particulièrement utile, on compte sur les ressources
qu'il apportera ; quel cataclysme s'il vient à céder ! Ce
n'est certes pas un miracle qu'un impôt fonctionne bien
en temps de paix et, dans ces conditions, le plus mauvais
est productif quand il est établi dans un pays prospère ;
car ce qu'il ne donne pas naturellement, la menace ou
le zèle le font produire. Que font la menace et le zèle
en temps de calamités, quand la loi fournit elle-même
au contribuable le moyen d'échapper en partie à l'impôt !
C'est ce qui se produit avec les impôts personnels, avec
ceux qui n'ont comme point d'appui qu'une déclaration.
L'impôt sur le revenu est de cette sorte ; en temps de
paix son rendement est bon, il se maintient à un niveau
moyen, car toute déclaration de perte est contrôlée et
n'est admise en déduction qu'à bon escient. En temps

de guerre la vérification n'est plus possible ; la guerre, cause réelle de bien des malheurs devient la cause fictive de tous les autres : quelle occasion pour imputer à ce fléau des méfaits imaginaires et grossir les pertes qu'il fait subir ! Une guerre, même la menace d'une guerre influence le rendement des impôts basés sur une simple déclaration : elle agira au contraire sur le rendement de la patente dans une proportion bien plus faible et toujours plus lente, dans celle où elle aura diminué le nombre des ouvriers, des employés, la valeur des immeubles et de l'outillage.

§ 2. — Le rendement est progressif : le diagramme I de la page suivante en fournit la preuve.

Cette ascension continue est significative ; elle se produit sous l'influence de deux facteurs : 1° des changements de législation, des rehaussements de tarifs, de l'extension de la zône d'application ; 2° naturellement et par le seul fait du jeu de la loi. Cette deuxième cause surtout est intéressante, elle montre que la loi a été construite pour donner des plus-values.

Pour se rendre compte des effets de cette deuxième cause, nous donnons dans le diagramme II la copie du rendement de l'impôt pour la période 1893-1905 pendant laquelle aucun changement n'a été apporté à sa législation.

Ceci est remarquable et rassurant et n'a pas besoin de commentaires.

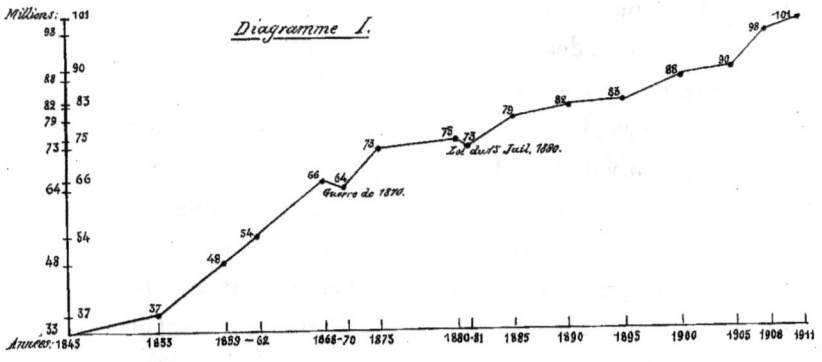

Diagramme I.

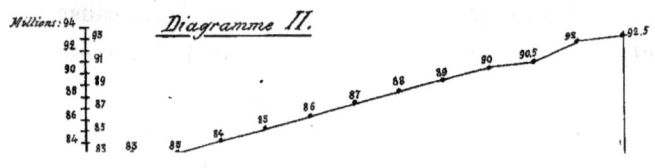

Diagramme II.

§ 3. — Les changements que nous avons apportés à la législation agiront certainement sur le rendement ; mais ceci ne doit pas nous inquiéter car il est très probable que le résultat final sera positif puisque les résultats partiels que nous avons obtenus le sont déjà.

§ 4. — En modifiant la loi sur ces divers points, nous l'avons compliquée, soit. Mais un mécanisme ne se complique-t-il pas en se perfectionnant ? La machine à vapeur de nos rapides ne comporte-t-elle pas plus d'organes que celle de Watt ? Les rouages administratifs de notre gouvernement intérieur ne sont-ils pas plus nombreux, plus enchevêtrés que ceux des peuples primitifs ? Et sans être tenté, comme des esprits paradoxaux l'ont fait, d'élever cette complexité universelle à la hauteur d'un principe et d'y voir la cause du progrès, n'est-on pas en droit, en tous cas, d'affirmer qu'entre ces deux choses, progrès et complexité, il y a un rapport de co-existence et qu'on ne peut perfectionner la machine sociale sans la rendre plus délicate et plus complexe?

Donc la loi de patentes modifiée sera plus compliquée que l'ancienne, mais elle gardera toutes ses autres qualités. Nous en avons cité quelques-unes, celles qui la font apprécier des gouvernements ; les suivantes servent à l'accréditer auprès des contribuables.

§ 5. — D'abord elle est ancienne. C'est beaucoup pour un impôt d'être ancien; ça signifie qu'il est supportable. On ne supporte plus longtemps une constitution injuste. Les serfs ont courbé le dos pendant des siècles sous le poids de la taille, mais la taille n'était pas consentie par les taillables, tandis que la patente a été acceptée par les représentants des contribuables et ceux-ci la supportent vaillamment. Quand un impôt est ancien, on sait dans quel cas il est injuste ; on met à profit cette connaissance pour se soustraire à l'injustice. On connaît les mesures d'exemption et on en profite. L'esprit public est rassuré ; la paix règne dans le pays et la tranquillité est dans les âmes ; le gouvernement n'apparait pas comme un être anonyme, supérieur et redoutable, dont on craint la puissance ; on sait que ses droits sont limités car on a déjà constaté, certaines fois, qu'ils l'étaient. Et puis, en matière d'impôt, la nouveauté est synonyme d'augmentation ; on ne croit pas aux impôts nouveaux qui doivent être moins forts que les anciens (1); l'esprit populaire, quelque naïf qu'il soit, ne comprend pas qu'un abaissement de taxe puisse coïncider avec l'augmentation des dépenses. On promet un impôt plus juste que l'ancien. Le sera-t-il ? Qui peut en cette matière prévoir un résultat certain ? Souvent l'application fait de la taxe la plus juste en théorie, la plus inique pratiquement.

§ 6. — L'impôt des patentes n'est pas vexatoire. Tous les renseignements dont le contrôleur a besoin pour établir la taxation sont visibles et extérieurs. Le contrôleur ne s'immisce pas dans les affaires personnelles ;

---

(1) La loi du 31 décembre 1907, en instituant la révision des évaluations foncières, a promis un dégrèvement de 60 millions sur l'impôt foncier (non bâti). Bien que cette résolution ait été répétée plusieurs fois à la tribune, les campagnes restent très sceptiques sur sa réalisation.

il n'exige la production d'aucun livre de comptes ; la
taxation est faite de telle sorte qu'on ne peut tirer des
renseignements fournis par le contribuable aucun indice de l'état de ses affaires ; l'agent de l'assiette est
aussi ignorant que quiconque de la situation de celui
qu'il taxe ; quand il en connaît quelque chose, il n'est
pas plus avancé et il ne peut se servir des renseignements qu'il a surpris ni pour rehausser, ni pour diminuer l'imposition, puisque cette imposition est établie
sur des signes extérieurs nommément désignés et légalement tarifés. Quelle sureté pour le contribuable !
Quelle satisfaction pour lui de se savoir protégé par
delà l'agent taxateur contre cet agent lui-même et de
sentir que l'indépendance complète de sa personne
n'est pas seulement inscrite dans la loi, mais respectée
en fait dans la pratique !

§ 7. — Enfin la loi modifiée sera plus juste que l'ancienne. On reprochait à cette loi ancienne un gros défaut,
le manque de proportionnalité. En 1844 (27 février) un
orateur disait, en parlant d'elle, que « ses catégories
n'établissaient qu'une présomption, le plus souvent
trompeuse et toujours fugitive, toujours insaisissable ;
qu'établir un impôt sur des facultés présumées, sur des
chances qu'amènent le hasard ou l'intelligence, c'était
se jeter à plaisir dans l'inconnu ou l'arbitraire »; ces
déclarations étaient exagérées; elles n'ont pas empêché le vote de la loi en 1844. Depuis cette époque, 15
autres votes ont sanctionné cet arbitraire prétendu et
consolidé cette loi de présomptions. Chaque fois le

nouveau projet du gouvernement a rencontré moins
d'obstruction ; c'est parce que, chaque fois, les avantages de cette loi, son ancienneté, son caractère de non
vexation s'accroissaient et devenaient plus visibles et
que, chaque fois également, ses défauts diminuaient.

Cette fois aussi, nous croyons avoir diminué l'injustice de ses dispositions et avoir fait faire à la cause de
l'équité un certain progrès. Mais nous ne touchons pas
encore à cet état de justice parfaite et nous voulons faire autre chose pour nous en rapprocher. Comme
nous avons épuisé tous les moyens que la patente nous
fournissait, nous allons tourner ailleurs nos regards et
essayer de supprimer, d'une autre manière, l'espace
qui nous sépare encore de cet éden financier.

SECTION III

L'extension des droits du Contrôleur

CHAPITRE I

LES DÉFAUTS QUI SUBSISTENT

Malgré toutes les divisions que nous avons faites, les restrictions que nous avons apportées et les cas particuliers que nous avons créés, l'égalité de taxation n'est pas encore obtenue. Nous allons en donner la preuve. Mais avant, nous tenons à déclarer que ce résultat ne nous surprend pas, que nous nous y attendions. Nous laissons la déception aux esprits entiers et non prévenus qui ne veulent au problème financier qu'une seule solution, la solution absolue et qui rejettent indistinctement et à priori toutes celles qui ne satisfont pas à cette condition exacte. Nous, nous savons que l'égalité parfaite de taxation est irréalisable, que c'est une espèce d'infini fiscal auquel tous les systèmes d'impôts sont asymptotes et que le nôtre, quelque progrès qu'il marque sur le passé, n'atteint pas encore le but; il nous suffit de nous être rapprochés de ce but. Nous l'avons fait, nous croyons même qu'on ne peut pas s'en approcher plus avec le système indiciaire, car nous avons développé ce système dans ses conséquences les plus lointaines et les plus ramifiées et il est impossible, et même inutile, d'aller plus loin dans ce sens. Le système indiciaire en effet contient dans son fondement une incapacité absolue et originelle; il est établi sur des présomptions; on aura beau les augmenter, les interpréter, ce seront toujours des présomptions, c'est-à-dire des réalités moyennes, des choses générales et jamais précises.

Ah ! certes, pour la taxation de l'ensemble des commerçants d'une même profession ou des industriels d'une même catégorie le procédé est parfait et, si l'impôt était établi de telle sorte que les associations professionnelles seules en soient débitrices, la répartition de l'impôt entre leurs membres étant laissée à l'initiative de ces associations, nous n'hésiterions pas à proposer le système indiciaire pour satisfaire à ce programme. Mais il n'en est pas ainsi; c'est l'Etat qui se charge de tout et de la taxation individuelle en particulier, et, c'est dans cette opération que les qualités manquent le plus à l'instrument fiscal basé sur les seuls indices. C'est dans la taxation individuelle qu'il se produit le plus d'injustices et, comme l'individu juge des mérites du système par les effets qu'il produit à son égard et qu'il lui importe peu que le groupe auquel il appartient ne soit pas surtaxé par rapport aux autres groupes, s'il est surtaxé, lui, le système des signes extérieurs passe aux yeux de certains pour être le plus inique qui soit (1).

Cette opinion est fausse; en réalité le système indiciaire est généralement juste et exceptionnellement inique. Nous avons laissé prévoir qu'il en serait ainsi quand nous avons analysé la valeur des indices-base, taxes variables, droit locatif et quand nous avons montré que chacun d'eux reposait sur une idée généralement vraie, mais fausse quelquefois. Evidemment ce « fausse quelquefois » est l'exception, mais c'est déjà trop qu'il soit; c'est en tous cas une raison suffisante pour nous déterminer à perfectionner notre œuvre et nous inviter à chercher un remède à cette exceptionnelle injustice.

Nous avons dit que l'égalité de taxation n'était pas toujours obtenue; voilà les principaux cas où cette inexactitude se produit :

_____

(1) L'opinion que le contribuable se fait, dans ce cas, de l'impôt est même plus injuste qu'elle ne devrait l'être L'exception que le savant, l'érudit, le lecteur impartial évaluent à sa valeur vraie, une toute petite valeur par rapport à celle de la règle, cette même exception apparaît énorme à celui qui en souffre. L'imagination aidant, il lui semble qu'elle lui était destinée par une fatalité aveugle dont la puissance est invisible et d'autant plus redoutable. Au fardeau des faits se joint un fardeau imaginaire qui rend le premier plus sensible encore.

1° *Désignation des professions*. Malgré les progrès
qui ont été faits en cette matière et ceux que nous avons
proposés, on n'atteindra jamais le but qui est l'exactitude. Nous avions cru découvrir dans l'analyse et la
discrimination des professions le moyen infaillible de
nous y conduire d'une manière certaine et sûre ; nous
fondions de grandes espérances sur cette méthode et
nous étions persuadés des progrès qu'elle ferait faire
à la cause fiscale. Nous l'avons employée et nous constatons maintenant que, si elle a rempli une partie des
vœux dont elle était porteur et si elle a développé la
justice fiscale, elle a violé les autres en reculant sensiblement le but à atteindre ; elle a ainsi manqué à son
principal objet. Comme le ferait un microscope, l'analyse nous a fait découvrir un monde nouveau jusque là
ignoré ; elle a ouvert à notre esprit des perspectives
inattendues et, toutes proportions gardées, nous sommes
peut-être aussi loin du but qu'avant. En effet, après
avoir discriminé une profession, après avoir fait de la
dénomination primitive dix ou quinze dénominations
nouvelles, il n'est pas rare de constater, à la première
application, un seizième cas qui n'a pas été prévu et qui
ne s'adapte à aucun de ceux qu'on a créés. Ainsi, pour
l'horlogerie, il nous suffira de dire que parmi les fabricants et marchands de montres, les uns vendent exclusi-
vement des montres en acier ou en métal et que d'autres
joignent à cette vente celle des montres d'argent et d'or,
que les bénéfices réalisés de ce fait sont différents des
premiers ; que, même parmi ceux qui ne fabriquent que

des montres en acier, les uns livrent des articles de camelote et les autres de meilleurs produits dont la vente est plus lucrative. De nombreux exemples peuvent être joints à ceux-là ; ils nous montrent l'incapacité du système indiciaire à atteindre dans une rigoureuse exactitude les revenus mixtes et à enfermer dans un tarif et dans des règles fixes les limites de l'activité humaine, celle-ci, comme Protée, tendant toujours à s'évader du cercle étroit dont on la mure et à trouver dans une liberté absolue et des transformations incessantes son essor complet.

2° *Droit professionnel*. Ce droit, base du système, est appuyé d'une manière si incertaine que nous ne l'avons admis, on s'en souvient, que par nécessité et sous une double réserve : 1° qu'il serait très modique ; 2° qu'on lui adjoindrait le plus souvent possible des taxes variables et le droit locatif. Nous avons multiplié en conséquence ces droits accessoires et nous avons fait en sorte qu'après nos réformes l'usage en soit à peu près général. Il reste cependant un certain nombre de professions qui ne sont taxées que d'un seul droit et pour lesquelles il n'est pas possible d'en trouver d'autres. Société de tontine : 360 francs (tableau C, 1re partie). — Approvisionneur aux halles de Paris : 60 francs. — Marchand expéditeur de fourrages, de légumes ou de viandes : 60 francs. — Fermier de madragues : 80 francs (tableau C, 5e partie). Il faudra perfectionner l'imposition de ces professions d'une manière spéciale.

Il y a d'autres métiers, qui, par la généralité des

opérations qu'ils comportent et la variabilité de leurs
bénéfices (courtiers, représentants de commerce, agents
d'affaires, commissionnaires) sont très difficiles à taxer.
On ne sait, pour ceux-ci, comment la taxe moyenne a
pu être établie tellement les taxes extrêmes dont on a
dû se servir pour cet objet peuvent être différentes
Tous ces commerces en effet sont très aléatoires et la
spéculation s'y adjoint souvent; or, où la spéculation
figure, le hasard entre aussi avec ses gains immodérés
et ses pertes excessives, mais les prévisions restent à la
porte. La moyenne est impossible à établir et, comme
le mathématicien qui indique qu'entre zéro et l'infini
la moyenne est indéterminée, le législateur aurait dû
avouer son impuissance et distraire ces professions de
la masse des autres pour en faire l'objet d'une étude
spéciale. Il n'a pas agi ainsi et il leur a affecté, par
amour de l'uniformité probablement, une classification
qui ne signifie rien.

Nous voulons bien qu'on la laisse subsister, cette
classification, mais nous demandons qu'il soit permis
à l'agent taxateur de la modifier, pour chaque cas particulier, au vu et au su des affaires du contribuable en
question. La commune renommée l'éclairera toujours
sur ce point et toujours à peu près sûrement, plus sûrement en tous cas que le tarif, car, si l'opinion d'un seul
peut être fausse, l'opinion de tous l'est beaucoup moins
et si un seul est sujet à se tromper, dix, cent ou mille
ne sont pas autant enclins à l'erreur. Nous croyons que
la commune renommée, cette autre moyenne est sou-

vent vraie et qu'elle peut s'adapter à la loi de patentes,
cette loi de moyennes, et ne pas y paraître disparate.

Enfin, toujours à propos du droit professionnel, nous
avons fait cette remarque : d'après la législation en vi-
gueur, on impose un droit fixe par établissement, c'est-
à-dire par source de bénéfices, et on définit l'établissement un ensemble de locaux contigus, situés dans le
même immeuble, placés sous une même direction, con-
courant à un même résultat et pourvus d'une comptabilité unique. Il résulte de cette jurisprudence que, dans
le cas où plusieurs professions sont exercées dans un
même local (il n'y a donc qu'un établissement), un seul
droit professionnel est dû et que ce droit est le plus
élevé de ceux que le patentable aurait à payer s'il était
assujetti à autant de droits professionnels qu'il exerce
de professions (1). Ainsi un marchand de chaussures
(4e classe) qui n'a qu'un magasin paie le même droit
professionnel s'il ne vend que de la chaussure ou si,
réduisant son approvisionnement de chaussures, il y
joint la vente de l'épicerie (5e classe), des liqueurs
(4e classe) et de la mercerie (4e classe) (2). Le maître
d'hôtel (3e classe) ne paie pas un droit professionnel
nouveau quand il tient une voiture automobile destinée
à la location (5e classe) et qu'il s'occupe à la fois de ces
deux professions. — Il y a cependant, dans ces deux cas,
production de bénéfices supplémentaires qui viennent

---

(1) Art. 7. — Loi du 15 juillet 1880.
(2) C'est un cas très fréquent dans les petites localités.

d'abord de l'exercice de la profession accessoire (1), ensuite de l'accroissement de clientèle que l'exercice du deuxième commerce a procuré, *ipso facto*, au commerce principal (les clients de la mercerie achèteront toujours leurs chaussures au même magasin, puisqu'ils y sont et les locataires de l'automobile descendront de préférence à l'hôtel auquel elle est attachée). Nous croyons qu'il est nécessaire de conserver la règle posée par l'article 7 de la loi du 15 juillet 1880 parce qu'elle régit le cas général, mais qu'en raison des exceptions qu'elle comporte, il serait bon d'accorder à l'agent taxateur le pouvoir d'en modifier en partie les résultats, quand il constate qu'il serait utile de le faire.

3° *L'indice population.* — Nous avons montré plus haut, en discutant les mérites des indices, les restrictions avec lesquelles il faut accueillir celui-ci. Il est généralement vrai, mais il ne l'est plus dans les cas suivants. Il est trop fort pour les commerçants qui sont situés dans un hameau dépendant d'une commune importante, mais qui n'ont que la clientèle de ce hameau. Il est trop faible pour ceux qui sont situés dans une commune de faible population et qui ont pour clients les habitants d'une commune voisine très peuplée, pour ceux qui sont situés dans un lieu de tourisme et pour ceux qui expédient leurs marchandises par voitures automobiles ou par colis postaux dans une région entière.

---

(1) Qu'on peut négliger comme compensant la perte provenant de la réduction de la profession principale.

Enfin il ne signifie plus rien quand le nombre des individus qui font le commerce d'une même marchandise
est supérieur ou inférieur aux besoins normaux de la
population ; par exemple trois pharmaciens suffisent à
une population de 5,000 habitants ; l'arrivée d'un quatrième fait nécessairement baisser leurs bénéfices ; pourquoi ne ferait-elle pas baisser leur patente? On ne peut
donner d'avance une liste complète et exacte de ces cas
particuliers, mais on comprend qu'ils existent, qu'ils
sont visibles sur les lieux et qu'on pourrait facilement
en tenir compte.

4° *Employés et ouvriers.* — Il y a des commerces et
des industries où l'on emploie soit seulement les hommes
(métallurgie, industrie du fer), soit seulement les femmes
(couture, modes) ; dans l'établissement du tarif on tient
compte de cet état de choses et on fait varier les taxes
par employés et par ouvriers selon le genre d'individus
auxquels elles s'appliquent. Mais on n'a pas fait cette
opération, on n'a pas pu la faire pour les professions
qui comportent l'emploi d'hommes et de femmes indistinctement. On n'a établi qu'une seule taxe par ouvrier
mâle. Voilà encore un fait extérieur, facile à constater,
dont le contrôleur pourrait être autorisé à tenir
compte.

5° *Machines.* — Certaines industries (la plupart) fonctionnent seulement pendant le jour, d'autres pendant
la nuit. Le tarif a tenu compte de ces faits ; mais il n'a
pas pu les prendre en considération pour celles qui
fonctionnent jour et nuit pendant une durée variable

dans l'année. L'agent de l'assiette qui voit les faits et qui constate la durée du travail pourrait se charger de la modification dans ce cas.

6° *Droit locatif.* — Cet indice excellent, s'il est amélioré comme nous l'avons proposé, ne méritera plus qu'un reproche. Il sera presque toujours proportionnel aux bénéfices et le contribuable ne pourra le sophistiquer qu'en restreignant l'importance de son habitation; en se contentant d'un appartement très modeste, par exemple, s'il est à son aise. Il n'y a pas de signe extérieur fixe pour dévoiler cette situation anormale, mais elle est connue cependant et il faudrait se servir de cette connaissance.

7° Enfin, en plus des considérations précédentes, une autre raison très complexe que la loi de patente est impuissante à traduire, précisément à cause de sa complexité, fait varier les bénéfices des professions mixtes. Par le fait des lois de douanes, de l'ouverture de débouchés nouveaux, d'un caprice de la mode, d'un engouement subit et inexpliqué, certaines professions donnent à de certains moments et pendant un certain temps des bénéfices très importants (les bicyclettes en 1895, les cartes postales en 1900, les automobiles en 1904-1906, la fabrication des films cinématographiques actuellement). Cette période lucrative est de courte durée, car l'appât du gain attire les négociants, fait jouer la concurrence et baisser les prix assez rapidement; les bénéfices ne tardent pas à descendre à un niveau plus bas et à se classer normalement. Il y a eu cependant une période d'activité très grande que la loi n'a pas pu atteindre comme elle le méritait, car il aurait fallu pour cela mettre en jeu la machine législative dont l'action est juste, mais combien lente et difficile. Tandis qu'on peut mettre facilement en jeu l'initiative du contrôleur ; nous demandons qu'on le fasse.

CHAPITRE II

REMÈDE

Tels sont les principaux défauts qu'après l'amélioration de la loi, telle que nous l'avons proposée, il reste encore à faire disparaître. Ils ont ce caractère commun qu'ils sont visibles, extérieurs et facilement appréciables.

Si on ne les a pas englobés dans la loi ce n'est pas parce qu'ils différaient de ceux qui y sont déjà et qu'ils étaient d'une autre nature ; ce sont les mêmes, mais comme ils sont trop nombreux et que leur énumération exigerait des volumes, on les a négligés volontairement. Nous ne proposons pas de faire cette codification, mais l'idée nous vient tout naturellement de les utiliser sans codification quand il sera nécessaire ; nous voulons qu'il soit permis à l'agent taxateur de se servir de leur

présence pour modifier le tarif légal quand il le jugera
utile, qu'il lui suffise d'invoquer l'existence d'un de
ces signes pour demander une augmentation ou proposer un dégrèvement. Après l'application automatique
du tarif, cet agent proposerait de faire subir à l'ensemble des droits de patente légalement obtenus l'atténuation ou le rehaussement de droits qu'il croira bon
d'invoquer. Toutefois, à titre d'essai et pour tranquilli-
ser l'opinion publique sur les prétendus pouvoirs exhor-
bitants dont elle ne manquera pas d'affubler cet agent,
nous limitons cette atténuation ou ce rehaussement à
10 % du tarif légal.

Ce remède n'est pas une invention ; c'est toujours
le système indiciaire, sans mesure vexatoire, sans
immixtion dans le secret des affaires ; c'est un système indiciaire où les signes sont toujours extérieurs,
mais où ils ne sont plus légalement tarifés, où ils sont
laissés à la latitude du contrôleur. Dans ce système, on
ne donne à cet agent aucun pouvoir personnel nouveau ;
on étend seulement son pouvoir d'appréciation. Est-ce
accroître son importance ? Il continue, après comme
avant, à jouer le rôle minimum attaché à tout homme
dont la profession consiste à traduire en chiffres les
faits ; il se substitue à la loi, par son ordre, dans des
cas où il n'y a aucun inconvénient à le faire. Par une
dernière précaution contre un abus de pouvoir invrai-
semblable, ce pouvoir d'appréciation est limité et réduit
à presque rien. Ces mesures de sécurité paraissent
surabondantes.

CHAPITRE III

EFFETS DE L'EXTENSION DES DROITS DU CONTROLEUR

Nous avons inventé ce mécanisme pour assouplir celui de la patente sans en changer la nature. L'essai pourra paraître timide et par conséquent peu concluant; il suffira cependant à se rendre compte des effets que produirait une réforme plus radicale; on pourra en étendre l'application s'ils sont heureux.

Il faut auparavant régler cette application. Nous négligeons le cas exceptionnel où le contribuable sera d'accord avec le fisc pour constater qu'il mérite un rehaussement de droits et celui où l'administration accordera d'office une atténuation, étant donné la situation ouvertement lamentable du patentable; il faut plutôt prévoir le cas général qui sera celui où les deux parties adverses, Etat et contribuable, ne s'entendront pas et décideront de porter leur différend devant une juridiction supérieure.

Nous sommes d'avis dans ce cas d'établir la procédure suivante : Nous appellerons demanderesse la partie qui voudra échanger l'état de choses normal, c'est-à-dire la tarification légale au début et la situation acquise ensuite. L'Etat sera demandeur quand il proposera le rehaussement, le contribuable quand il réclamera l'atténuation. La preuve sera à la charge du demandeur selon la règle *onus probandi incumbit actori*. Elle consistera seulement à énoncer un des sept arguments cités plus haut qui signalent une évolution commerciale ou industrielle et qui indiquent un changement analogue très probable dans les bénéfices (éloignement ou proximité des centres, commerce accessoire, mode de livraison, etc., etc.). Nous employons à dessein ces mots « très probable » pour montrer que nous n'exigeons pas de preuves exactes qui ne pourraient être obtenues que par la production des livres et la violation du secret des affaires. Nous ne voulons pas de ce système qui est celui de la taxation d'office et de tous les impôts sur le revenu; nous voulons seulement le système indiciaire et nous conservons les règles sur lesquelles il repose.

Exemples. — L'administration proposera un rehaussement des droits de patente d'un horloger fabricant des montres d'argent et imposé sous ce titre en prouvant qu'il vend des montres d'or et que la vente d'une montre d'or est plus rénumératrice que celle d'une montre d'argent.

Un pharmacien réclamera une atténuation en prouvant que l'arrivée dans la localité d'un 5e concurrent a changé un état de choses très ancien (datant de dix ans par exemple) et diminué les bénéfices d'une manière notable, car elle ne coïncide ni avec une augmentation de population, ni avec la création d'un débouché nouveau, ni avec l'ouverture d'une voie ferrée.

L'administration proposera le rehaussement des droits de patente d'un marchand de mercerie qui, après avoir exercé pendant cinq ans dans ces conditions, vient d'établir dans son magasin un étalage pour les liqueurs; ce fait, s'il n'est pas momentané, indique que ce commerçant espère gagner plus sur la vente des liqueurs qu'il ne compte perdre sur celle de la mercerie.

Elle fera de même pour un commissionnaire en bestiaux qui s'occupe de l'achat et de l'expédition des chevaux pour le compte de commerçants étrangers en prouvant, par les renseignements de la douane, que cette vente est beaucoup plus active depuis un certain temps, car les chevaux sont destinés, en dernière main, à la remonte d'une puissance étrangère qui augmente ses effectifs et se pourvoit à tous prix (1).

Les commerçants d'une localité de 1.500 habitants pourront demander réduction de leur patente en invoquant la raison suivante : la localité est groupée autour d'une usine métallurgique importante qui a été autrefois cause de la naissance du pays, qui est encore maintenant la source des bénéfices de tous les commerçants et dont elle est la raison d'être. Cette usine, par suite d'une crise, tend à diminuer le nombre de ses ouvriers et à réduire leur salaire. Ces causes font baisser les affaires des commerçants du pays d'une manière très notable; mais elles ne sont pas suffisantes pour faire descendre le pays dans une catégorie de popula-

---

(1) Cas vu dans le Doubs, frontière Suisse.

tion inférieure et par suite pour diminuer les droits de
patente des commerçants qui y sont établis ; les ouvriers gagnant moins dépensent moins et le commerce
se ralentit ; mais ils ne quittent pas le pays, car la peur
de l'inconnu, des coutumes anciennes, la paresse, peut·
être un secret espoir d'amélioration les font rester où
ils sont et les empêchent de chercher ailleurs une amélioration à leur sort (1).

La suite du débat suivra les règles habituelles de la
procédure : *reus excipiendo fit actor*; on opposera les
indices aux indices, des probabilités plus précises à des
probabilités plus vagues ; on ne sera jamais obligé de
dévoiler les faits eux-mêmes.

Comme pour les réclamations en matière de contributions directes, le débat devra être soumis à un juge.
Ce juge sera-t-il une personne, le Préfet par exemple,
ou un tribunal, le Conseil de préfecture ? On peut donner l'argument suivant en faveur de la personne :
actuellement, les demandes en remise ou modération
d'impôts qui sont basées non sur un droit (disposition
précise de loi), mais sur un fait (gène, mauvaises
affaires, pertes exceptionnelles) et pour lesquelles on
invoque une juridiction gracieuse sont portées devant
le Préfet. Evidemment, il n'y a pas de garanties d'impartialité, mais ça n'a pas beaucoup d'importance puisqu'il n'y aura jamais violation de droits, étant donné
qu'il n'y a jamais de droit invoqué dans ces sortes de

(1) Cas vu dans le Jura.

réclamations. Les atténuations de droits réclamées par
le contribuable qui veut user de la nouvelle faculté sont
comparables à ces demandes en remise ou modération
puisqu'elles sont appuyées sur une situation de fait et
non sur une disposition de loi. On pourrait à la rigueur
établir pour elles la procédure devant le juge unique
puisqu'en cas de partialité il n'y aurait de lésé que le
Trésor, ce qui est un mal secondaire. Mais il n'en serait
plus ainsi dans le cas de rehaussement de droits proposé par l'administration ; dans ce cas la décision du
Préfet pourrait entraîner des abus révoltants. Un tribunal est donc nécessaire.

Nous sommes confirmé dans cette opinion par un
autre exemple pris dans la même matière. Les réclamations en décharge ou réduction, basées sur un droit,
sont jugées par le Directeur départemental des contributions directes (qui est un juge unique, d'ordre inférieur), quand il s'agit d'accorder au contribuable le
dégrèvement qu'il demande et que l'avis de tous les
agents ou parties consultés concordent (maire, réparti-
teurs, contrôleur, directeur); elles sont au contraire
portées devant le Conseil de préfecture qui est un tribunal, quand ces avis ne concordent pas et même s'ils
concordent dans le sens du rejet de la demande.

Ainsi la loi protège le contribuable plus que le Trésor.
Conservons ce principe et convenons que les atténuations ou rehaussements de droits, à défaut de réglement
amiable, seront portés devant le Conseil de préfecture
et que les règles actuelles de la procédure qu'il faut en-

tamer devant ce tribunal continueront à être suivies :
(plaidoieries, production de mémoires, expertises par
un ou trois experts, appel au Conseil d'Etat).

SECTION IV

Les résultats d'ensemble de la réforme proposée.

Nous pouvons apprécier maintenant, de loin et hors des détails de l'application, les effets que produiront les diverses propositions qui ont pris place dans les cent pages qui précèdent. Au point où nous en sommes, deux idées maîtresses apparaissent : 1º l'idée ancienne de la taxation d'après les signes extérieurs, complétée et rajeunie par quelques additions et basée sur le principe de la réalité de l'impôt; — 2º l'idée nouvelle de l'impôt personnel introduite par l'extension des pouvoirs des agents taxateurs.

Nous avons indiqué plus haut les raisons qui nous avaient fait adopter et conserver l'idée de la taxation d'après les signes extérieurs comme fondement de l'impôt sur les revenus mixtes ; nous avons montré ensuite que cette idée était juste mais insuffisante et qu'on devait faire appel à un autre procédé pour la compléter ; c'est au système de l'impôt personnel que nous avons pensé et nous avons expliqué pourquoi.   —

Nous avons encore une autre raison pour persévérer dans cette décision. Nous croyons que l'introduction de l'impôt personnel en France, cette patrie de l'impôt réel, y sera profitable à tous points de vue, que cette expérience soit ou non suivie d'effet. Si l'essai est favorable, si le Français supporte sans aversion l'extension des pouvoirs qu'auront sur lui les agents de l'Etat, on pourra se féliciter d'avoir amélioré l'assiette de l'impôt et d'avoir pu suivre l'exemple des nations étrangères qui ont adopté ce mode d'imposition et s'en félicitent généralement. Si cet essai échoue, au contraire, il tranchera un différend qui était pendant depuis vingt ans environ ; il mettra fin du même coup à toutes les discussions, à toutes les divisions politiques et économiques qui se sont faites à ce propos et qui troublent le pays(1). Nous croyons, pour notre part, que cette expérience réussira et que l'idée de réunir en une seule loi ces deux systèmes qui furent toujours séparés, qui se sont quelquefois succédés, mais qui n'ont jamais coexisté, sera féconde en heureux résultats.

Rien ne s'oppose à son fonctionnement; les deux systèmes n'ont rien d'incompatible de la manière que

---

(1) Et ce fait se produira, même avec une extension limitée à 10 °/₀ ; car le Français, théorique et raisonneur, est plus sensible au procédé qu'aux suites qu'il comporte, aux ennuis de la taxation qu'aux ennuis pécuniaires. S'il adopte le système, il se prêtera franchement aux conséquences les plus extrêmes que suppose cette adoption, quelles qu'elles soient.

nous les avons présentés ; au contraire, ils se complètent heureusement; le système « extension » assouplira
le rigorisme du système indiciaire et atténuera ses effets
automatiques et brusques ; celui-ci servira d'armature
au premier et soutiendra ses variations et ses fluctuations ; l'un apportera sa force et l'autre sa souplesse ;
tous deux uniront leurs efforts vers la même fin et réa-
giront mutuellement pour le plus grand bien des intérêts du Trésor et des contribuables.

Nous n'envisageons pas les conséquences financières
de cette réforme, car elles sont impossibles à prévoir ;
mais nous croyons qu'elles seront nulles et que les atténuations des droits compenseront les rehaussements ;
en tous cas, c'est cela que nous désirons voir se produire.

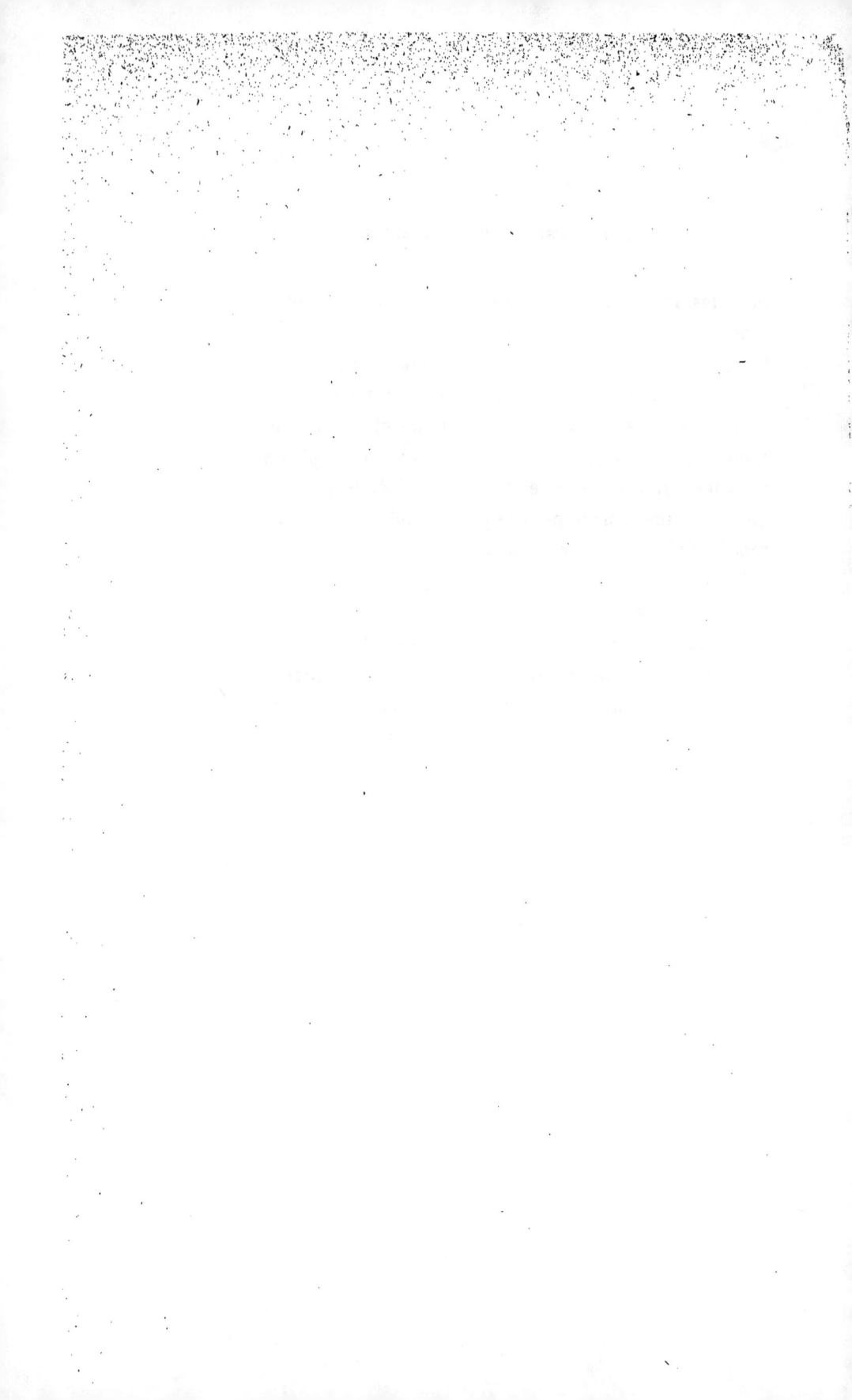

DEUXIÈME PARTIE

LA DÉCLARATION FACULTATIVE

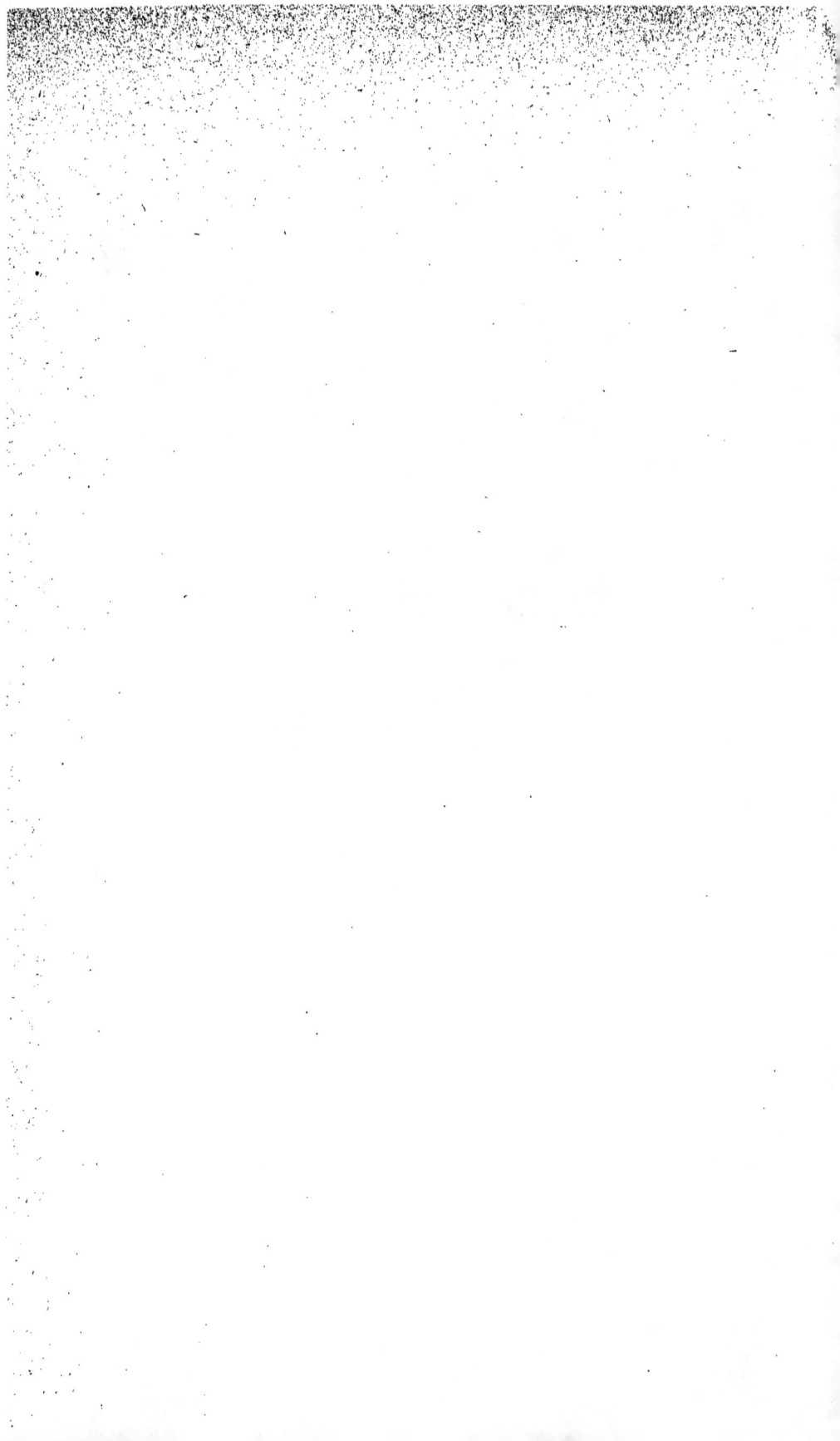

SECTION I

Fondement du nouveau système

Si vraiment le système indiciaire a quelque valeur, si les modifications que nous avons proposées doivent être efficaces et si le mécanisme de l'extension est pratiquement utilisable on peut se demander pourquoi nous ne nous contentons pas de ce que nous avons fait et pourquoi nous voulons établir un troisième mode de taxation. Ou bien en effet, ce troisième mode ne servira à rien, ou bien les retouches que nous avons faites précédemment au vieux système n'ont été d'aucune utilité et les résultats heureux que nous nous sommes vanté d'avoir produits n'ont existé que dans notre imagination.

Le raisonnement précédent n'est pas exact. Le troisième mode que nous voulons créer servira, nous le croyons, à quelque chose et malgré cela les deux premiers n'auront pas été inutiles. Il suffit pour se ren-

dre compte de ces faits de se rappeler les termes que
nous avons employés. Nous avons vanté les qualités
du premier système, mais nous n'avons pas dit qu'il
ferait régner la justice parfaite, qu'avec lui l'idéal instrument de taxation serait trouvé et que l'injustice, depuis cette invention, serait définitivement éloignée de
notre législation. Nous avons seulement dit que les
modifications proposées marquaient un sérieux progrès
sur le passé. Nous maintenons cette prétention, mais
comme elle est relative, elle n'exclut pas un nouvel
effort vers le bien. Voilà la première idée qui nous a
fait chercher un troisième système.

La deuxième idée qui nous a conduit est née en cons-
tatant combien est enracinée dans le peuple cette foi
en l'impôt personnel, combien son application lui semble désirable, comme il croit qu'elle réalisera toutes les
promesses qu'elle contient. Si l'on sent, comme dit
Leroy-Baulieu, « toute la badauderie démocratique »
dans cette croyance invétérée dans l'excellence de l'impôt personnel on peut aussi y trouver une idée vraie,
une idée fondamentale utile et juste. C'est du moins
l'opinion que nous en avons et nous n'avons trouvé
que celle-là, pour expliquer pourquoi tous les pays ont
adopté ce mode d'imposition et pourquoi ils s'en servent constamment. Il y a eu, nous le savons, des erreurs
universelles ; l'unanimité dans l'erreur ne diminue pas
d'un millième la valeur d'un principe juste quand ce
principe est théorique ; mais quand ce principe est pratique, comme tous ceux qui dirigent la législation finan-

cière, quand il s'agit d'une chose qui n'a de valeur que
par les résultats qu'elle donne, nous croyons que l'unanimité acquiert une certaine autorité et qu'elle commence à avoir une signification. C'est ce qui se produit
dans l'impôt personnel; on lui fait de graves reproches
et cependant il fonctionne dans un grand nombre de
pays et pas plus mal qu'un autre. Voilà un fait signifi-
catif.

Nous ne nous sommes pas nous-mêmes engagé dans
la voie de l'impôt personnel sans avoir été séduit par les
qualités qu'il comporte. Et pourtant nous n'avons aucune préférence pour lui ; on pourrait plutôt nous
accuser de partialité à l'égard de l'autre système,
puisque nous lui restons attaché malgré ses vices et
ses imperfections, malgré les qualités du système concurrent. Nous sommes persuadé de la supériorité finale
du système des signes extérieurs, mais nous voulons
l'être plus encore, c'est-à-dire changer en fait la conviction intuitive, changer en certitude palpable la foi
en la certitude.

Au lieu d'abasourdir le peuple d'arguments de droit,
il faudrait lui montrer le résultat d'une expérience où
la supériorité du système incidiaire apparaîtrait évidente. Ceci serait convaincant, voilà même la seule
manière de convaincre. Il faut donc faire une expérimentation et la faire complète. Nous ne considérons pas comme telles en effet ces études dans lesquelles l'observateur ne joue qu'un rôle passif, où il
regarde les faits se succéder sous ses yeux en les

notant,. en les comparant, mais où il regarde sans toucher ; ces études de droit financier comparé, bien
qu'elles aient été faites avec une haute compétence,
ne peuvent avoir des conséquences très étendues ni
une valeur très probante. C'est la suite au contraire
de ces expérimentations qui a une valeur décisive. Après
le premier examen, quand est née dans l'esprit de
l'observateur l'hypothèse féconde, le savant fait l'essai
de cette hypothèse, il tâche de provoquer artificielle-
ment la naissance des phénomènes et d'entretenir leur
succession , il agit alors sur la nature, il la presse
jusqu'à ce qu'il ait obtenu la preuve matérielle de l'exactitude de ses suppositions. C'est cette deuxième partie
de l'expérimentation qui n'a jamais été faite. Les arguments théoriques, les comparaisons, les discussions
orales auxquels cette question financière a donné naissance, tout ceci est compris dans le premier examen,
dans la partie passive de l'expérimentation. Le rôle
actif, lui, consiste à toucher, à comparer, à mettre en
face l'un de l'autre les éléments rivaux, à les faire
fonctionner simultanément, à les placer dans des conditions identiques, à les soumettre aux mêmes variations, aux mêmes causes d'échec ou de réussite. Alors,
mais alors seulement, l'expérience est concluante et
la conviction est acquise. Quelle conclusion prétend-
on tirer du fonctionnement satisfaisant de l'impôt
sur le revenu en Prusse ? Qu'il fonctionnerait bien également en France? C'est aussi faux que de vouloir appliquer à l'Allemagne l'impôt des patentes sous prétexte

que les Français s'en accomodent. Voilà les seules conclusions qu'on a tirées jusqu'ici de l'observation. Elles
ne signifient pas grand chose, à notre avis. Nous voulons avoir une conviction solide et nous croyons qu'il
n'y a pour l'obtenir que l'expérimentation (rôle actif).
Voilà notre idée.

Nous établirons donc, à côté de la patente, parallèle-
ment à elle et co-existant avec elle un impôt sur les revenus mixtes. Nous choisirons parmi les systèmes étrangers les meilleurs les principes de son établissement et
de son fonctionnement. Nous en ferons un bloc qui sera,
si j'ose m'exprimer ainsi, l'impôt sur le revenu type.
Les contribuables choisiront librement ce système ou
celui de la patente et nous ne leur demanderons aucun
engagement autre que celui de contracter un abonnement de cinq ans au système du revenu (1) quand ce
sera celui-là qu'ils auront adopté.

Nous comptons que cette expérience réussira; nous
allons expliquer dans les pages qui vont suivre ce qui
nous permet d'afficher cette prétention, comment nous
espérons que cette expérience ne sera pas nuisible aux
finances, comment au contraire elle pourra leur profiter et comment enfin nous nous sommes arrangé pour
qu'il n'en résulte pas une dualité de législation qui serait
très préjudiciable à tous.

------

(1) Ceci dans le seul dessein de stabiliser l'assiette et de réduire la tâche
de l'Administration. Un changement annuel de législation l'augmenterait
considérablement.

SECTION II

Système de la déclaration.

CHAPITRE I

REVENUS SOUMIS A LA DÉCLARATION

L'impôt portera sur les revenus mixtes. Nous avons expliqué plus haut ce qu'étaient ces revenus ; ce sont ceux que produisent les professions industrielles, commerciales et libérales. Nous avons abandonné ces dernières qualifications pour celle de revenus mixtes, car celle-ci nous paraît plus précise, les revenus mixtes étant les revenus produits par le capital quand il est mis en œuvre par le travail. Ces termes sont exacts ; on sait en effet en quoi consiste un capital et dans quel cas le travail le rend productif. Prenons par exemple les revenus du métallurgiste. La somme de 1,000 francs

qui est versée à cet industriel pour la livraison d'une
charpente métallique est un revenu mixte, car on peut
la décomposer ainsi : travail de l'ingénieur qui a fait le
plan de la charpente (50 fr.), du chimiste qui a choisi la
qualité du fer (50 fr.), des ouvriers employés pendant
dix jours à couler, forger et assembler les pièces (400 fr.),
soit en tout 500 fr. ; 500 fr. également pour la part revenant au capital, soit matière première (300 fr.), spéculation sur le travail de l'ingénieur (20 fr.), du chimiste
(20 fr.), des ouvriers (100 fr.) et le projet (60 fr.) ; le
revenu du métallurgiste est mixte, car le capital et le
travail y entrent tous deux pour moitié. — Malheureusement tous les cas ne sont pas aussi simples ; celui que
nous venons de citer est le cas général, celui où un
capital certain et important est mis en œuvre par un
travail certain et important également, où l'on peut
retrouver, dans l'objet fabriqué, comme nous l'avons
fait pour la charpente fournie par le métallurgiste, une
part à peu près égale de capital et de travail. Mais il y
a des cas moins tranchés ; certaines fois, c'est un travail très faible par rapport au capital auquel on l'applique
qui produit le revenu mixte ou, au contraire, un travail
important appliqué à un faible capital ; dans l'un et
l'autre cas, le revenu est mixte, mais il se rapproche
beaucoup, dans le premier, des revenus produits, par le
capital seul, dans le second, de ceux que produit seulement le travail.

Établissons la gradation suivante :

REVENUS DU CAPITAL SEUL		REVENUS MIXTES				REVENUS DU TRAVAIL SEUL
1	2	3	4	5	6	7
Capital : 100	100.80	80-60	60-40	40.20	20-0	10
Travail : 0	0.20	20-40	40-60	60.80	80-100	100

Chaque catégorie de cette gradation représente la part qui revient au capital et au travail dans un objet de 100 francs. La première catégorie comprend les revenus du capital seul, la dernière ceux du travail seul ; les cinq autres des revenus mixtes. Mais nous croyons qu'il ne faut pas pratiquement considérer ces cinq catégories intermédiaires comme donnant des revenus mixtes, qu'il faut réserver cette épithète aux trois catégories médianes seulement (3-4-5) ; qu'il faut rattacher la deuxième à la première et la sixième à la septième, car, dans ces catégories, la part du travail d'une part, du capital de l'autre, n'est pas assez visible.

Pour nous faire mieux comprendre, nous allons donner des exemples. Nous rangerons dans la première catégorie les capitalistes qui ne s'occupent pas de leur fortune, qui la font gérer par des agents d'affaires sans se donner même la peine de détacher les coupons de leurs valeurs, ni de toucher le loyer de leurs maisons et de leurs terres ; dans la deuxième, les capitalistes qui s'occupent un peu de la gestion de leur fortune, mais sans faire d'opérations compliquées, se contentant de gérer leurs immeubles, de louer leurs terres, et de surveiller le cours des leurs valeurs mobilières.

Dans la troisième et la quatrième, les capitalistes qui placent cette fortune dans l'industrie ou le commerce et qui doivent, pour la faire fructifier, y consacrer leurs connaissances et leur activité journalière ; dans la cinquième, le petit patron qui a reçu une certaine instruction professionnelle et qui a un capital suffisant pour s'approvisionner en matières première pour fabriquer d'avance (pour son compte et non à façon) et pour avoir des ouvriers.

Dans la sixième, l'ouvrier qui travaille seul et qui a son capital outils, dans la septième, l'ouvrier qui n'a aucun capital, pas même ses outils, et qui loue seulement son travail.

Dans les cas limites (2ᵉ et 6ᵉ catégories) voilà comment nous évaluons en chiffres la proportion du capital au travail et, par conséquent comment nous pourrons classer les revenus dans la catégorie qui leur convient.

1ᵉʳ exemple (cas limite — 2ᵉ catégorie) :

Un capitaliste a 20.000 francs de rente, il gère lui-même sa fortune qui se compose de valeurs mobilières, de créances hypothécaires, de maisons et de terres ; il consacre par an à ce travail 5 heures par jour pendant 200 jours, c'est un travail qu'on peut évaluer à 1.000 francs (5 × 200 = 100 jours à 10 heures), à 10 fr. par jour = 1.000 francs (10 francs par jour étant le salaire moyen d'un homme d'une instruction moyenne ne vivant que de son travail). 1.000/20.000 = 5 % [1].

---

(1) On pourrait obtenir ce résultat d'une autre manière, en calculant, par exemple, quelle part de son revenu un capitaliste devrait abandonner à un agent d'affaires consciencieux pour lui faire gérer sa fortune complètement et en cherchant la proportion de cette somme au revenu.

Les revenus de ce capitaliste sont donc dans la deuxième catégorie ; il faudrait pour qu'ils soient dans la troisième, c'est-à-dire dans celle des véritables revenus mixtes, que le capitaliste ne puisse obtenir ce revenu annuel de 20.000 francs qu'au prix d'un effort journalier bien plus grand. Cet effort peut être calculé ; il devrait être de 12 heures de travail par jour pendant 333 jours (1 franc l'heure, même tarif que plus haut) $12 \times 333 \times 1 = 4.000$ soit 20 % de 20.000 (au lieu de 5 %).

2e exemple (cas limité — 6e catégorie) :

Un ferblantier zingueur a mis 4 jours pour fabriquer une cheminée en tôle qu'il vend 35 francs ; dans ce prix, la matière première entre pour 4 francs, l'intérêt du capital-outils pour 0 fr. 50, la location de l'atelier pour 2 francs (180 francs par an) ; la part du capital est donc de 6 fr. 50 ; elle entre dans la valeur totale de l'objet fabriqué pour 18,57 % (6,5/35 francs). Le revenu du ferblantier zingueur est celui de la sixième catégorie ; il aurait au contraire figuré dans la cinquième (c'est-à-dire celle des véritables revenus mixtes) s'il avait eu un moteur pour actionner son soufflet de forge, sa machine à cintrer, sa machine à couper, car l'amortissement du capital-outils aurait été de 2 francs (au lieu de 0 fr. 50) et la part du capital dans le revenu aurait passé de 18,57 à 22,85 % (8/35).

Ces deux exemples nous servent à prouver qu'on peut calculer facilement, pour chaque espèce de revenu, la proportion dans laquelle le capital et le travail y figurent et que, par conséquent, on peut les classer facilement dans la catégorie qu'ils doivent occuper. Ainsi la division des revenus en sept catégories, telle que nous l'avons faite, n'est pas seulement théorique, elle est réalisable et elle est préférable à la dénomination ancienne car elle est plus précise. — Voilà un grand avantage, que peu d'impôts possèdent. Mais ce n'est pas le seul et nous allons voir dans le paragraphe suivant une autre utilité à cette classification.

CHAPITRE II

L'IMPOT PORTERA SUR LE REVENU NET

L'impôt portera sur le revenu net. Nous appelons revenu net ce qu'on obtient en retranchant du revenu brut ce qu'il faut nécessairement en déduire pour en assurer la conservation et la durée. — C'est un principe généralement admis partout que l'impôt ne doit porter que sur le revenu net; car le revenu brut ne signifie rien, le revenu seul est une entité. — Mais si tout le monde est d'accord sur ce point, la même unanimité ne règne pas dans la détermination pratique du revenu net et les avis se partagent sur le sens à attribuer à ce mot.

Les uns obtiennent le revenu net en retranchant du revenu brut certaines charges inévitables (assurances contre l'incendie, réparations annuelles pour capital-maisons; assurance contre les accidents du travail, contre les pertes fortuites pour revenus mixtes; assurance contre le chômage et sur la vie pour revenus-travail) et complètent l'opération en établissant un taux variable selon les revenus qu'ils veulent atteindre, en frappant, par exemple, à 4 % les revenus nets du capital, à 3 % les revenus nets mixtes et à 2 % ceux du travail. — Ce mode d'opérer a le défaut d'être arbitraire ; on sent bien que les trois sortes de revenus ne sont pas comparables, même après qu'on en a déduit les assurances, etc... et qu'il est équitable de leur appliquer un tarif progressif; mais on est très embarrassé quand il s'agit d'établir cette progression et de la justifier ; la plupart du temps on l'établit au hasard et on arrondit les chiffres. C'est la seule préoccupation qu'on a.

Nous préférons de beaucoup un autre système qui consiste à n'avoir qu'un taux pour tous les revenus nets, mais à user de plusieurs manières pour déterminer le revenu net de chacune des catégories de revenus (1).

On obtient ces derniers chiffres par des calculs spéciaux qui ont pour but d'opérer toutes les déductions qu'il faut pour rendre comparables les résultats nets ainsi obtenus.

_____

(1) Voir procès-verbaux de la Commission extraparlementaire de l'impôt sur le revenu, p. 44 et suivantes.

Il est nécessaire en effet, puisqu'on ne met qu'un taux d'impôt, que les revenus nets sur lesquels ce taux va porter soient identiques à tous points de vue ; qu'ils soient aussi sûrs, aussi fixes, aussi stables les uns que les autres; qu'en supposant qu'on fasse des lots de chacun d'eux et qu'on les mette en vente, l'acheteur d'un revenu net de 3,000 fr. provenant du travail soit aussi avantagé que l'acheteur d'un revenu net de 3,000 fr. provenant du capital ; en fait, le premier aura acquis un revenu brut d'environ 20,000 fr. et le deuxième de 3,500 seulement. Nous allons nous faire comprendre dans les lignes qui suivent :

Dans ce système, le revenu net s'obtient en retranchant du revenu brut ce qu'il est nécessaire d'en déduire chaque année pour en assurer la conservation et la durée.

Ainsi, pour avoir le revenu net d'un capital, on déduira du revenu brut : 1° si ce sont des terres, tout ce que l'agriculteur est obligé de donner à la terre pour entretenir sa fécondité, lui assurer un rendement normal et parer aux risques d'improductivité (engrais naturels et chimiques, assurances contre la grêle, l'incendie, la mortalité du bétail); 2° si ce sont des maisons, on déduira du prix des loyers le montant des réparations annuelles, de l'assurance contre l'incendie, l'indemnité du concierge, les frais de vidange, d'éclairage des escaliers et quelque chose de plus qui représentera la moins-value éventuelle qui peut provenir des vacances ; 3° si ce sont des valeurs mobilières (créances

sur l'Etat, les compagnies ou les particuliers), les impôts
indirects de transmission, de timbre, et la somme qu'il
est raisonnable de mettre de côté annuellement pour
parer à une dépréciation subite des valeurs qui ne
sont pas de tout repos.

Pour avoir les revenus nets des revenus mixtes,
comme ces revenus supposent l'existence d'un capital
sous l'une des formes précédentes, il faudra d'abord
déduire tout ce qu'on a déduit ci-dessus; puis en plus, ceci qui est particulier au revenu mixte : le salaire des ouvriers et employés, l'assurance contre les accidents du
travail de ces individus, les versements pour leur retraite, les risques pour le non recouvrement des créances
mauvaises et quelque chose encore qui sera destiné à
tenir compte des cas de fortune contre lesquels on ne
s'assure pas (grèves, crises de non production, procédés
nouveaux). Si ces déductions sont sagement faites, le
chiffre ainsi obtenu aura une vraie valeur de fixité et
sera comparable aux revenus nets du capital, puisqu'on
aura éliminé toutes les causes possibles de dépérissement même les plus imprévues.

Enfin pour avoir les revenus nets du travail, on con-
sidérera la personne du travailleur comme étant le
capital qui les produit et on déduira du salaire annuel
tout ce qui est indispensable au travailleur pour recons-
tituer chaque jour le dépérissement quotidien que le
travail enlève à sa personne, c'est-à-dire les dépenses
indispensables de nourriture, de vêtement, de logement,
de maladie pour lui et pour sa famille, les frais d'as-

surance contre les risques de chômage, d'accidents, de
maladie, de mort. De cette façon on changera la nature
des revenus du travailleur ; on en éliminera l'élément
hasardeux qui en faisait la fragilité ; on le solidifiera et
il sera identique aux revenus nets du capital seul et aux
revenus nets mixtes.

Les résultats pratiques de ces considérations ab-
straites seront les suivants. Soit un capitaliste, un industriel et un ouvrier jouissant les uns et les autres d'un
revenu annuel de 6,000 fr., le revenu net de ces trois
individus sera de :

Capitaliste ayant 6.000 fr. de rente en valeurs mobilières.   6.000 fr.
    Déduire: Impôts indir., timbre et transmission   360 fr.
        Risque 1/20ᵉ . . . .   300 fr.
                      660 fr.   660 fr
        Revenu net . . . .   5.340 fr.

Industriel ayant 6.000 francs de revenu comme ci-dessus .   5.340 fr.
    Déduire en plus: Assurances, retraites, cas fortuits. .   1.200 fr.
        Revenu net . . . .   4.140 fr.

Travailleur ayant 6.000 francs de revenu . . . . .   6.000 fr.
    Déduire : Nourriture, vêtement, chauffage. .   3.000 fr.
       Assurance chomage . . . . . .   600 fr.
         —   maladie. . . . . . .   200 fr.
         —   accidents . . . . . .   200 fr.
         —   vie (1) . . . .   1.680 fr.
                      5.680 fr.   5.680 fr.
        Revenu net . . . .   320 fr.

(1) Retraite de 6.000 fr après 30 ans de versements.

Sur ces chiffres de 5340, 4140 et 320 l'impôt sera le même (1).

CHAPITRE III

MOYENS PRATIQUES D'EXÉCUTION

Voilà les bases théoriques établies, mais il n'y a encore rien de fait pratiquement. Comment obtenir la connaissance du revenu de chacun ? Deux systèmes théoriques se présentent à l'esprit : d'abord celui de la déclaration. On demande à chaque contribuable d'indiquer lui-même quel est le revenu dont il jouit et de répartir ce revenu entre les cédules qui le composent. L'État ne s'engage pas à accepter la déclaration telle qu'elle est faite, mais, s'il veut la modifier, il s'engage à faire la preuve des modifications qu'il propose, à produire des témoignages et à grouper des indices. Ce système est très favorable au contribuable ; personne n'ignore en effet que le gain d'un procès est plus assuré au défendeur qu'au de-

---

(1) Si l'on établit par exemple un impôt de 10 % sur le revenu net, le résultat est le même que si on avait mis un impôt de 8.90 %. de 6.90 %. et 0.53 % sur les revenus bruts Mais notre procédé est meilleur: 1° car il est plus exact; 2° on peut faire le calcul pour chaque cas particulier et faire varier en conséquence les déductions individuelles.

mandeur et qu'en mettant la preuve à la charge de
l'une des parties, on diminue beaucoup les avantages
que cette partie peut avoir. La liberté individuelle est
entièrement sauvegardée, mais les finances de l'Etat le
sont moins ; l'impôt ne sera pas productif ; malgré les
peines toute déclaration sera plus ou moins frauduleuse,
car personne n'hésitera entre la certitude d'une diminution d'impôts et la crainte moins fondée d'une amende ; l'amende n'aura lieu en effet que si l'administration
se met en mouvement, si, entre tous les contribuables,
elle choisit votre personne et si elle trouve des preuves
pour vous confondre; il y a donc trois éléments de pro-
babilité qui ne sont pas suffisants pour être opposés
efficacement à la certitude du dégrèvement assuré au
fraudeur non découvert. Ce système pousse à la fraude ; l'habitude se prendra vite d'un minimum de
fraude qui ne fera que s'accroître avec la négligence
des agents du fisc et que, seuls, le zèle et la vigilance
de l'Administration pourront enrayer, sans cependant
le supprimer. Ce système est donc impraticable puisqu'il
conduirait peu à peu à la faillite de l'impôt.

Dans le système de la taxation d'office au contraire
c'est le contribuable qui est désavantagé par rapport à
l'Etat. Celui-ci ne lui demande rien ; il fait tout lui-
même ; il établit l'importance du revenu et sa division
en cédules. Si le contribuable trouve ces éléments de
taxation exagérés, c'est à lui de le prouver par la pré-
sentation de tous documents probants, livres, actes,
indices, présomptions. Le jugement est rendu, soit par

un tribunal, soit par un conseil où les éléments administratifs sont en majorité. Ce système est très oppres-
sif.

Nous n'adopterons ni le premier ni le second système, mais nous ferons des emprunts aux deux. Nous
exigerons une déclaration du contribuable pour nous
guider et constituer une première base d'évaluation
des revenus ; nous la sanctionnerons de peines et d'a-
mendes pour l'avoir le plus exacte possible (voir, par
exemple, projet Caillaux, 1909). Mais cette déclaration
n'aura jamais qu'une valeur indicative ; le fisc la retou-
chera et le contribuable ne pourra y contredire qu'en
prouvant la fausseté des dires de l'administration. Toutes sortes de peines pourront être portées, le but étant
d'arriver, quoiqu'il en coûte, à la détermination exacte
du revenu net.

CHAPITRE IV

TAUX

Nous examinerons cette question dans le chapitre VI,
§ 4.

CHAPITRE V

EFFETS

Ces combinaisons multiples, cet échafaudage de règles, de peines, de tribunaux produiront-ils au moins le résultat qu'on attend d'eux, c'est à-dire une taxation équitable. Il faut le supposer. Nous ne pouvons que dire qu'il faut le supposer sans ajouter aucune précision ; rien ne nous permet d'être plus affirmatif, ni l'exemple des peuples voisins où fonctionne l'impôt sur le revenu, ni la connaissance du caractère et des mœurs françaises.

A l'étranger, l'impôt sur le revenu fonctionne au moins de trois manières différentes.

En Prusse, il fonctionne bien; c'est là sa patrie d'élection. L'administration y a l'autorité voulue, la capacité et le zèle nécessaires pour remplir convenablement sa tâche ; les contribuables y possèdent aussi un esprit de discipline, d'obéissance et de probité envers l'Etat qui facilite la besogne des agents de l'assiette ; les deux parties concourent au même résultat et ce résultat est ainsi facilement obtenu ; la taxation s'opère normalement et les dissimulations paraissent y être faibles (1).

En Angleterre, l'income-tax n'excite pas le mécontentement général, mais il ne fonctionne pas à la satisfac-

_____

(1) 10 à 15 °/o. Note de l'administration des contributions directes.

tion de tous. Des différentes cédules dont il se compose, la cédule C (revenus commerciaux et industriels) est celle qui est la moins bien assise, celle qu'on supporte le moins aisément, celle à laquelle on fait les plus graves reproches ; on trouve en particulier que le bénéfice annuel des professions commerciales et industrielles est difficilement appréciable et que, par le mode que l'administration emploie ; on en grossit souvent le chiffre au-delà de sa valeur.

Quant à l'Italie, l'impôt y est mal appliqué. L'administration est impuissante à enrayer l'accroissement annuel des dissimulations ; celles-ci montent à 40 ou 50 %(1). Le produit de la taxe n'accuse jamais de plus-value, il est stationnaire ; encore n'obtient-on ce résultat qu'en élevant chaque année son taux ; les contribuables répondent à cette tactique par une dissimulation un peu plus forte et ce jeu d'attaques réciproques se continue ainsi sans profit pour l'Etat, mais pour le plus grand mal des individus dont les revenus ne sont pas dissimulables (fonctionnaires, petits rentiers); ce sont eux les victimes de cet état de chose anormal.

On voit par ces exemples qu'il est difficile de tirer des faits une conclusion et de prédire l'avenir financier de l'impôt sur le revenu ; on peut seulement constater que la manière dont cet impôt fonctionne est un signe de la moralité générale du pays, qu'il est productif dans la mesure où le contribuable se sent moralement débi-

_____

(1) Note de l'Administration des Contributions directes.

teur envers l'Etat et qu'il ne donne rien quand cette
conscience contributive n'existe pas, quand l'administration n'a pas les pouvoirs nécessaires pour la faire
naître ou au moins pour se faire craindre. Le peuple
français aura-t-il cette moralité spéciale, cette notion
particulière du devoir? N'est-il pas à craindre au contraire que se développe chez lui ce grand ennemi de
l'impôt personnel, ce principe néfaste que certains phi-
losophes ont appelé la solidarité dans le mal et d'après
lequel chaque contribuable fausse sa déclaration dans la
mesure où il suppose que les autres fausseront la leur?
C'est un principe étonnamment puissant qui se développe très facilement et dont l'expansion est d'autant
plus rapide que les barrières qu'on lui oppose sont
plus fragiles. Il a de si bons arguments pour se justifier
ce principe! Tous ceux qui l'emploient, en même temps
qu'ils l'emploient, se vantent de leur honnêteté, de leur
loyauté, de leur amour de la sincérité, mais aucun ne
veut être dupe de ces beaux sentiments. Pour éviter
d'être dupe, on sacrifie volontiers les qualités précédentes; on devient malhonnête et menteur et on le
devient d'autant plus facilement qu'on n'a même pas la
responsabilité d'une telle conduite; ce sont les autres
qui l'ont, cette responsabilité, puisqu'on ne devient malhonnête et menteur que parce que les autres le sont et
qu'on resterait fidèle aux lois morales si on était sûr
que les autres en fassent autant.

Pour avoir un bon impôt sur le revenu il faut que
cette tendance naturelle à la fraude, qui est une prolon-

11

gation de l'instinct de conservation, soit arrêtée dès sa
naissance. On arrivera à ce résultat en faisant en sorte
que le contribuable sincère ne puisse jamais être dupe
de sa loyauté, c'est-à-dire en établissant un contrôle
sévère sur les déclarations, en donnant des pouvoirs de
répression étendus aux agents de l'assiette et en per-
mettant aux tribunaux d'appliquer des sanctions efficaces. On réalisera de cette manière une certaine justice
distributive et on remplacera la solidarité dans le mal
par la solidarité dans les charges fiscales. C'est un principe plus moral.

Si tous les contribuables ont un égal intérêt à dissi-
muler une partie de leurs revenus, tous ne sont pas
également en mesure de le faire ; il y en a qui peuvent
en cacher la plus grande part et d'autres qui sont obligés
de n'en rien céler. Cette dernière catégorie de contribuables est la plus intéressante pour nous ; il est sou-
haitable, dans l'intérêt des finances publiques, qu'elle se
développe et il est probable, avec l'extension continue
des pouvoirs de l'administration, qu'elle se développera.
Dès à présent, elle se compose de deux groupes de personnes, les fonctionnaires et les sociétés. Nous ne nous
arrêtons pas aux premiers, si ce n'est pour plaindre leur
sort, sous le régime d'un impôt personnel qui fonctionnerait comme en Italie, car dans un système semblable
ils seraient énormément surtaxés.

Nous nous intéresserons au contraire aux sociétés. Le
nombre des contribuables de ce groupe est certaine-

ment moins grand que celui du premier, mais les intérêts auxquels il touche sont bien plus considérables,
car ce sont les éléments vraiment actifs de la fortune
nationale. Nous rechercherons, à leur propos, s'il est
bien exact que leurs revenus ne soient pas dissimulables et, si ce fait est acquis, la manière dont on peut
utiliser cette propriété spéciale.

CHAPITRE VI

CAS DES SOCIÉTÉS

§ 1.. — *Définition et fonctionnement.*

« Une société est un contrat par lequel deux ou plusieurs personnes conviennent de mettre quelque chose
en commun dans le but de partager le bénéfice qui
pourra en résulter » (Code civil, Art. 1832). Ces contrats se divisent en trois catégories selon la forme dans
laquelle ils sont faits, le nombre, la qualité et la responsabilité des membres qui les composent : elles sont
en nom collectif quand les associés sont nominativement désignés dans l'acte de constitution de la société
et qu'ils engagent leur responsabilité solidairement
et indéfiniment ; elles sont anonymes quand le nom
des associés n'est pas connu, que leur nombre est supérieur à six et que leur responsabilité n'est pas engagée

au-delà de leur apport ; elles sont en commandite
quand elles contiennent deux sortes d'associés, les uns,
nominativement désignés et solidairement responsa-
bles qui sont les commandités ; les autres, qui sont
les commanditaires, ne contribuant aux dettes sociales
qu'individuellement et seulement jusqu'à concurrence
de leur apport. Les sociétés en nom collectif et en commandite simple sont conclues la plupart du temps entre
un petit nombre de personnes ; la loi respecte le secret
de leurs affaires et elle n'impose aucune publicité à
leurs opérations. Au contraire, elle donne à ses agents
le droit d'investigation dans les sociétés en commandite par actions et dans les sociétés anonymes [1].

Ces dernières sociétés deviennent intéressantes à rai-
ron de cette prérogative que l'Etat a stipulé en sa
faveur ; nous allons étudier spécialement leur fonctionnement.

Dès que le capital d'une société par actions est sous-
crit, les actionnaires se réunissent en assemblée générale, ils conviennent des règles du fonctionnement
de la société et nomment parmi eux un administrateur
délégué qui est chargé de gérer les affaires sociales.
L'assemblée fixe comme elle l'entend les pouvoirs de
cet administrateur, mais en général elle lui donne les
plus larges disponibilités ; il passe les marchés, agit en

_____

(1) Loi du 5 juin 1850, art. 15 et 28.— Loi du 25 juin 1857, art. 10. — Décret du 17 octobre 1857, art. 9. — Loi du 23 août 1871, art. 22. — Loi du 21
juin 1875, art. 7. — Décret du 15 décembre 1875, art. 4.— Loi du 26 juillet
1893. — Loi du 17 avril 1906, art. 5.

justice, surveille les travaux, nomme le personnel, dirige les opérations financières, commerciales et industrielles ; en un mot il agit comme pour son propre compte.

Entre un administrateur délégué et un industriel travaillant pour son compte, il n'y a que deux différences ; c'est que le premier n'a pas la totalité des bénéfices et qu'il doit rendre compte chaque année de sa gestion à l'assemblée des actionnaires. A cet effet, il dresse un bilan détaillé de la situation financière ; l'assemblée approuve ou désavoue (1) ses propositions ; elle indique l'orientation qu'elle entend donner à la marche des affaires et elle fixe le dividende à distribuer sur chaque action.

§ 2. — *Les bénéfices déclarés sont les bénéfices réels.*

Nous nous demandons si l'Etat qui a connaissance de toutes ces opérations ne pourrait pas transformer la patente qui est destinée à atteindre les revenus de ces sociétés en une taxe équivalente sur le revenu net de chaque exercice. La réponse est affirmative, mais à condition que les bilans ne soient pas falsifiables ou du moins, s'ils sont falsifiables, que la fraude puisse être découverte. Un bilan, s'établit de la manière suivante :
Soit le bilan suivant :

---

(1) Les actionnaires ont alors un recours contre l'administrateur qui est responsable de ses fautes de gestion. (Art 1992, Code civil).

ACTIF

Immeubles, matériel, outillage . . .	7.500.000 »	
Mines du G. D. . , ...	100.000 »	7.600.000 »
Dépense d'installation.	15.629 84	
Travaux neufs	69.971 90	85.601 74
Portefeuille titres	606.964 65	
— effets	276.160 80	
Caisse	18.028 77	
Cautionnements	5.115 25	3.579.803 47
Débiteurs pour marchandises	2.388.221 07	
Banquiers	272.436 47	
Créances diverses	12.876 66	
Marchandises finies.	1.457.306 10	
— en cours de fabrication .	946.516 85	3.539.217 30
Approvisionnements	1.735.394 35	

14.804.622 51

PASSIF

Capital.		9.370.750 »
Réserve statutaire	1.700.000 »	
— spéciale d'amortissement . .	150.000 »	
— extraordinaire et pr éventualités	520.665 53	2.635.944 70
— pour accidents et assistance .	232.032 13	
— pr créances en litige ou dout.es. .	32.247 04	
Dividendes arriérés	2.446 64	
Fournisseurs	448.161 68	
Comptes-courants	831.830 19	1.439.808 59
Dû sur salaires . . . . . . , . .	123.355 »	
Créanciers divers	34.015 08	
Avance des administrateurs		500.000 »
Bénéfices de l'exercice 1911-1912 . . .	704.823 69	
Report de l'exercice 1910-1911	153.235 53	858.119 22

14.804.622 51

C'est celui d'une société métallurgique de l'Est au capital de 9 millions de francs ayant pour objet les constructions métallurgiques et les opérations accessoires qui en découlent. Le montant des bénéfices (858.119 22) qui est le chiffre qui nous intéresse le plus est obtenu en déduisant de l'actif total de 14.804.622 51, le montant total du passif qui est de 13.946.503 29; il est donc fonction de ces deux quantités.

Le passif total qui comprend toutes les dettes que la société devrait acquitter si elle était dissoute le jour même se compose des quatre éléments suivants: 1º du capital de 9.370.750 francs; ce capital est une chose fixe, certaine, non susceptible d'évaluation ; elle ne peut être ni augmentée, ni diminuée ; 2º il en est presque de même des réserves. La réserve statutaire et la réserve spéciale d'amortissement sont obtenues en appliquant au capital la proportion indiquée par les statuts, c'est donc des éléments fixes. Les autres sortes de réserves au contraire sont susceptibles d'évaluation. Les œuvres d'assistance sont connues, mais les éventualités, les accidents, les litiges pendants sont, par défini_tion, ignorés et les chiffres dont on les dote sont de simples symboles qui expriment plutôt un souhait qu'une évaluation ; 3º le passif exigible; avec lui, nous rentrons dans le domaine des choses sûres; les éléments dont il se compose, dividendes, arriérés, fournisseurs, comptes courants, etc..... sont représentés par des titres, des factures, des traités, des contrats, des comptes, en un mot par des choses matérielles ; les commissaires des comptes peuvent en vérifier l'existence et la valeur, et, après ce contrôle, leur montant peut être tenu pour vrai ; 4° il en est de même de l'avance des administrateurs. Il résulte de cet examen qu'aucun des chiffres portés au passif (à part ceux des réserves extraordinaires) ne peut être falsifié ou que, s'il l'est, on pourra facilement découvrir la fraude par le simple rapprochement des chiffres et des titres qui les représentent. De ce côté là, il y a donc une garantie presque absolue de sincérité.

Il n'en est pas de même du côté de l'actif : chacun des chiffres qui figurent à l'actif est bien aussi représenté par quelque chose de matériel, de tangible, mais ces choses sont si difficiles à évaluer qu'il n'y a pratiquement aucun contrôle possible à établir. Ainsi dans notre cas, les immeubles, le matériel et l'outillage sont évalués à 7,500,000 fr. ; cette valeur est absolument impossible à vérifier ; il faudrait pour se rendre compte si elle est exagérée ou atténuée recourir à une expertise détaillée, recueillir des renseignements sur la valeur d'achat ou de revient de chaque bâtiment et de chaque machine ; calculer la dépréciation qu'elle subit annuellement et déterminer le nombre d'années auquel en remonte l'utilisation. Tout ceci exigerait de longs soins, une compétence étendue et des études nombreuses. La même observation s'applique aux articles mines (100,000 fr.), dépenses d'installation (15,629 fr. 84) et travaux neufs (69,971 fr. 90). Chacun des chiffres du réalisable est aussi susceptible d'évaluation. Le Portefeuille-titres peut être

présenté de toutes sortes de manières, soit qu'on porte
au bilan les titres à leur valeur d'achat, soit qu'on les
estime à leur valeur actuelle ou à la valeur qu'ils auront
probablement dans quelques années. Aucune règle ne
prescrit de choisir plutôt l'une que l'autre de ces règles ;
seules la prudence des administrateurs et leur loyauté
leur ordonnent de prendre l'estimation la moins élevée et
d'évaluer l'actif plutôt au-dessous de sa valeur réalisable;
ici la morale vient prêter son appui au droit impuissant.
On peut faire la même réflexion pour le portefeuille-
effets. La caisse est vérifiable sur place, les cautionnements aussi, les banquiers aussi (comptes courants). De
ces trois chiffres le premier est le plus sûr, c'est le seul
sûr, le troisième l'est aussi mais dans la mesure du crédit du banquier. Si c'est une de nos grandes banques
nationales, la sûreté est absolue; si c'en est une autre,
l'administrateur fera sagement de diminuer le compte
réel d'une certaine somme qui représentera le risque de
perte (ou bien de le porter pour son chiffre total à l'actif
et d'augmenter au passif la réserve pour créances douteuses). Il en est de même des débiteurs pour marchandises qui sont les clients de l'usine et qui figurent ici
pour 2,388,221 fr. 07; on a dû porter dans ce chiffre
la valeur exacte des fournitures qui leur ont été faites
et, au chapitre réserve pour créances douteuses, celles
qui ne seront probablement pas recouvrées entièrement.
Quant aux marchandises finies, à celles qui sont en
cours de fabrication et aux approvisionnements, ces
éléments ont au moins trois valeurs possibles, leur

valeur d'achat ou de revient, leur cours actuel et le
prix ignoré auquel elles se vendront; aucune règle, si
ce n'est celle que nous avons citée à propos du portefeuille-titres, n'indique celle qu'on doit porter de préférence. En résumé, on voit qu'à part deux chiffres certains tous ceux qui sont portés à l'actif sont approchés,
qu'ils sont susceptibles d'atténuation ou de rehaussement et qu'on ne peut guère s'apercevoir de la fraude,
si ce n'est par une compétence singulière et un examen
très long et très attentif de la comptabilité et de l'exploitation.

Les bénéfices sont la différence de l'actif et du passif,
c'est-à-dire d'une chose très vague, très facile à fausser
et d'une autre chose presque sûre, presque impossible
à fausser. Donc les bénéfices ne représentent rien du
tout ; ils ne représentent quelque chose que dans le
cas où le bilan a été sincèrement établi par un administrateur intelligent, capable et consciencieux.

Si le mot « bénéfices » ne représentait pas pratiquement une chose plus certaine que ce que nous venons
de dire, il serait inutile de songer à donner une suite à
nos vues et à établir pour les sociétés, en remplacement
de la patente, un impôt sur les bénéfices ; ce serait un
trop beau jeu pour les administrateurs des sociétés et
ce serait une opération trop mauvaise pour l'Etat.
Heureusement les faits se présentent habituellement
d'une manière plus exacte; il est vrai que le mot « bénéfices » peut, sous l'action d'administrateurs peu scrupu-
leux, ne rien vouloir dire, mais il est vrai aussi qu'en

pratique il a une signification et qu'il est la plupart du temps exact. Plusieurs raisons amènent ce résultat.

Il y a d'abord les peines que la loi porte, dans le cas de fraude consommée consciemment, contre les instigateurs de la fraude. Admettons encore que cette sanction soit inefficace, un frein naturel va empêcher la fraude de s'étendre et opposer aux efforts de l'administrateur indélicat une résistance de plus en plus violente. Supposons que le mandataire de la société dont nous avons examiné le bilan veuille, pour éviter les droits dûs à l'Etat, faire ressortir au bilan un solde négatif alors qu'en réalité il y a eu des bénéfices. Il diminuera les évaluations de l'actif du montant des bénéfices réels et, comme ces évaluations sont difficilement vérifiables, personne ne s'apercevra de la fraude ; supposons que la société continue à prospérer ; il agira de même dans le même but pendant 1, 2, 3, 4 ans ; chaque année les évaluations seront diminuées et elles tendront vers zéro. Mais, même avant qu'elles soient nulles, il arrivera un moment où la fraude se découvrira ; les moins clairvoyants s'apercevront de la disproportion entre les évaluations et les choses évaluées et on rétablira les bilans tels qu'ils devaient l'être. L'absence momentanée de bénéfices sera alors compensée par des bénéfices momentanés supplémentaires et rien n'aura été perdu.

De même si l'on voulait faire ressortir un gain quand il n'y en a pas, on en serait fatalement empêché après quelques années. Pour faire ressortir un gain quand il n'y en a pas, il faut augmenter annuellement les éva-

luations de l'actif du bénéfice imaginairement réalisé.
Mais, après quelques opérations de ce genre, les évaluations seront si enflées qu'elles crèveront les yeux et
qu'on mettra fin à l'abus. On ne peut pas fixer le temps
pendant lequel ces abus peuvent se produire ; cette
durée dépend de la valeur du bilan, des affaires réellement faites par la société et de l'importance de la
fraude annuelle par rapport au bilan ; la clairvoyance
des actionnaires, la compétence des commissaires des
comptes agiront également pour la réduire. Mais d'une
manière générale on peut dire que la falsification des
bilans, possible à toute époque, est impossible indéfiniment. En tous cas, à la liquidation de la société, la
situation exacte sera constatée sans fraude possible et
des compensations pourront à ce moment être établies
entre les opérations fictives et les opérations réelles.
Voilà déjà une sûreté pour l'Etat. On ne parviendra
jamais à cacher indéfiniment des bénéfices réguliers annuels ; si on y arrivait cependant, au moment de la liquidation l'Etat reprendrait ses droits.

Une autre garantie s'offre à lui dans le cas où une
société faisant normalement des bénéfices veut en dissi-
muler l'existence (nous n'envisageons pas le cas de la
société qui ne fait pas de bénéfices et qui en fait ressortir quelques uns l'Etat profite de la situation et ce
n'est pas à lui à s'en plaindre). Dans ce cas les actionnaires sont aussi lésés que l'Etat et tous deux sont
dupes de l'administrateur. Pour que les actionnaires
ne soient pas dupes de l'Administrateur et que l'Etat

tienne seul ce beau rôle, il faut que l'administrateur
puisse s'entendre avec chacun d'eux, leur verser le dividende auquel ils ont droit et obtenir par ce moyen
le *quitus* qu'il sollicite de leur part. Il ne le peut pas,
car la société étant anonyme ou en commandite par
actions, le nombre des actionnaires est au moins de
sept et il est difficile d'obtenir de sept personnes
non parentes, non amies, un engagement solidaire à
une opération frauduleuse. Il le peut d'autant moins
que, les actions étant au porteur, il ne connaît que le
nom des premiers propriétaires et qu'il ignore celui
du porteur actuel.

Il y a donc impossibilité (entre actionnaires non
parents) de frauder l'Etat, sans léser aussi les actionnaires non complices ; l'Etat confond ainsi sa cause
avec celle d'un individu qui a beaucoup plus intérêt que
lui à découvrir la fraude, c'est une garantie.

Ainsi l'examen des faits a changé notre première
réflexion. Nous sommes toujours persuadé de la fragilité de ce mot« bénéfices », mais nous nous décidons
cependant à nous en servir, car nous constatons qu'il
est pratiquement consolidé par plusieurs appuis très
forts : les peines, le temps, l'intérêt de l'actionnaire ;
les mesures de précaution et la morale, en agissant
simultanément et dans le même sens, lui donnent une
fixité suffisante pour l'usage que nous en voulons faire.

§ 3.— *Déclaration obligatoire des bénéfices.*

Nous voulons en effet pour toute société par actions
(anonyme ou en commandite) substituer à la patente
une taxe sur les bénéfices accusés au bilan annuel ;
autrement dit, nous voulons rendre obligatoire pour ces
contribuables spéciaux, la taxation que nous offrons
facultativement à tous les autres.

Nous ne voyons à cette mesure que des avantages.

1° Elle ne sera pas vexatoire. Plus exactement, son
application ne nécessitera la création d'aucune mesure
vexatoire nouvelle ; l'administration de l'Enregistrement, comme nous l'avons vu (p. 164) est munie de tous
les pouvoirs d'investigation nécessaires ; il n'y aura
même pas besoin de les étendre aux agents d'une
autre administration, le contrôle de la première étant
suffisant. Nous conservons ce droit d'investigation sans
le restreindre ni l'augmenter.

2° Suppression de la patente. Supprimer la patente
est un bien à tous points de vue quand on la remplace
par une institution plus proportionnelle et pas plus
vexatoire qu'elle n'était. C'est le cas ici. Nous n'ajou-
tons rien ; nous supprimons au contraire les visites
au moins annuelles du contrôleur ; ces visites sont
ennuyeuses et longues ; il faut parcourir les usines, y
compter les ouvriers, évaluer les bâtiments, l'outillage,
les moyens de production même les plus minimes, et
établir un échafaudage compliqué de taxes combinées,

quelquefois cumulatives. Si encore il résultait de cet ensemble un chiffre proportionnel !

3° L'État ne perdra rien au change. Nous avons vu qu'il y avait beaucoup de chances pour que les dissimulations ne se produisent pas ; nous savons en outre que si elles se produisent elles ne dureront pas longtemps et que, de toutes façons, la vérité apparaîtra à la liquidation des opérations sociales.

4° Enfin cet impôt ne fera pas double emploi avec l'impôt de 4 °/₀ sur le revenu des valeurs mobilières établi par la loi du 28 juin 1872 et perçu par l'Administration de l'Enregistrement. La base sera presque la même, mais ce sera là le seul point commun, car les deux impôts n'ont pas le même but. L'impôt de 4 °/₀ est destiné à atteindre les revenus du capital, c'est-à-dire qu'il doit être supporté par le propriétaire de l'action ; en pratique ce sont les sociétés qui l'acquittent, mais elles ne font ainsi qu'une avance de fonds à leurs actionnaires et les bénéfices qu'elles répartissent réellement entre eux sont les bénéfices réels, déduction faite des 4 °/₀ de leur somme. Ce caractère est d'autant mieux indiqué que dans le cas où la société répartit à ses actionnaires une somme absolument nette d'impôts, l'Administration de l'Enregistrement perçoit sur cette somme non plus l'impôt de 4 °/₀, mais cette taxe augmentée de ses 4/96ᵉ. L'impôt sur les revenus mixtes sera au contraire dirigé contre les revenus de l'exploitation industrielle et commerciale et il devra figurer au passif comme la patente y figurait auparavant ; il sera perçu sur les bénéfices tandis que la taxe de 4 % est perçue sur ce qui reste des bénéfices après qu'on en a retranché la patente.

§ 4. — *Mesures d'exécution.*

Nous allons appliquer au cas particulier des sociétés les règles générales que nous avons portées plus haut :

1° La déclaration obligatoire ne s'adressera qu'aux revenus mixtes. Nous nous sommes assez étendus sur la nature de ces revenus et sur leurs caractères distinctifs pour qu'il soit inutile d'y revenir. La plupart des sociétés par actions seront soumises à cette obligation, car la plupart sont productives de revenus mixtes; mais il est évident que celles d'entre elles qui auraient seulement la forme commerciale, sans avoir effectivement pour objet des opérations de cette sorte, échapperaient à l'obligation.

2° L'impôt portera sur le revenu net de ces sociétés au sens où nous l'entendons. Ce revenu net s'obtient en retranchant du revenu brut ce qu'il faut nécessairement en déduire pour en assurer la conservation et la durée ; il doit être tel qu'il soit comparable aux revenus nets du capital par sa sûreté et sa stabilité. Dans le cas particulier de la société dont nous avons étudié le bilan, ce chiffre s'obtiendrait de la façon suivante. Les chiffres de ce bilan qui sont nécessairement fixes, (à l'actif : la caisse, les cautionnements ; au passif : le capital, les réserves statutaires et d'amortisse-

ment, tout le passif exigible et l'avance des administrateurs) seront portés pour leur valeur réelle exacte.
Ceux qui sont susceptibles d'évaluation (tous les autres
tant à l'actif qu'au passif) devront être évalués cons-
ciencieusement à la valeur marchande qu'ils ont au
jour du bilan et étant tenu compte de la dépréciation
que l'avenir peut leur faire subir. Voilà ici une difficulté : la plupart du temps cette dépréciation possible
n'est pas connue ou bien elle n'est prévue que pour le
temps assez court que les prévisions humaines peuvent
embrasser et cette période, si longue soit-elle, ne comprendra jamais l'intervalle de deux bilans, c'est-à-dire
une année. Comme il faut, par définition, stabiliser le
revenu de la société pendant cette période, comme il
faut en faire un élément d'une grande sûreté, on n'aura
qu'un moyen d'obtenir ce résultat, ce sera d'ajouter
aux réserves un article supplémentaire qu'on dotera
d'un crédit suffisant pour faire face au risque imprévu
qui menace toujours les opérations humaines. Cette
réserve s'ajoutera à toutes les autres, à celles qui sont
prévues pour les accidents, les œuvres d'assistance,
les litiges pendants, à celles qui font face à des risques
déterminés ; ce sera une assurance générale contre tout le reste, contre le hasard ; elle aura pour but
de parer ses coups et elle constituera pour la société
une dépense supplémentaire, à l'abri de laquelle ses
bénéfices seront en sûreté presque absolue. La dotation
de cette réserve générale pourra se faire en tenant
compte de la proportion dans laquelle les prévisions

12

des bilans précédents ont été en rapport avec les faits.

3º Forme de la déclaration. — Il n'y aura pas besoin d'une nouvelle déclaration ; les sociétés par actions (aux termes de la loi du 29 juin 1872, art. 2 et 5) doivent déposer au bureau de l'Enregistrement dont dépend leur siège social, dans les vingt jours de leur date, sous peine d'une amende de 100 ou 5000 francs en principal, les comptes rendus (copies entières) et les extraits des délibérations des conseils d'administration ou des assemblées générales des actionnaires fixant le dividende. En vertu d'autres dispositions de la loi (lois du 5 juin 1850, du 23 juin 1857, décret du 17 juillet 1852), l'Administration de l'Enregistrement possède aussi, pour chacune de ces sociétés, une déclaration faite au jour de leur constitution et indiquant l'objet, le siège, la durée de la société, la date des actes constitutifs, les noms des directeurs ou gérants, le nombre et le montant des titres émis ; elle a trace également des modifications apportées à l'une ou à l'autre de ces bases. Elle a ainsi en mains le moyen de calculer les bénéfices annuels et de percevoir la taxe que la société supporte ; elle a donc également en mains le moyen de percevoir la nouvelle taxe de remplacement de la patente, puisque cette taxe porte sur le même chiffre (sauf la restriction faite plus haut) (1). Comme on peut s'en rendre compte, cette réforme marquera une véritable simplification.

---

(1) Bénéfices (sens de la taxe de 4 °/₀ sur le revenu) bénéfices nets, soit moins la taxe de remplacement de la patente.

4° Taux de la taxe de remplacement. — Ceci est la partie la plus longue, mais non la plus difficile de notre réforme. Dans notre esprit, ce taux s'obtiendra en calculant pour l'ensemble des sociétés qui seront soumises à la déclaration obligatoire, d'une part les droits de patente qu'elles ont payés pour l'ensemble de leurs établissements pendant la période décennale qui précède ou depuis leur création, d'autre part les bénéfices qu'elles ont distribués pendant la même période ; on prendra le rapport de ces deux chiffres comme taux de la taxe de remplacement. C'est le seul moyen pratique, le seul en tous cas qu'on peut employer sans être accusé de favoriser l'Etat, ni de léser le contribuable. Certainement il y aura des lésions individuel- les, des exemptions ou des moins-values particulières ; rançon inévitable de la réforme, mais elles n'impli- queront de la part des réformateurs aucun mauvais vouloir, ni aucune idée préconçue ; c'est là le princi- cipal.

Nous n'avons pu faire ce travail général ; nous avons pris seulement quelques exemples particuliers dont nous donnons ci-dessous le résultat. Nous laissons aux pou- voirs compétents le soin de les compléter et de ter- miner ces comparaisons avec les moyens d'investiga- tion qu'ils sont seuls à posséder et qu'il est nécessaire d'avoir pour mener à bien une telle réforme.

1° T. Sch. et Cie (1).

Société en commandite par actions créée le 10 septembre 1910. Capital : 1 million de francs en 1911 porté à 3 millions en 1912.

Il a été distribué en 1911.   .   50.000 fr. de dividendes

        —   1912.   .   140.000   —

En tout .   .   190.000 fr.

La patente pendant ces deux années a été établie pour la profession de constructeur d'automobiles.

Taxe déterminée	5 fr.
236 ouvriers	1180 fr.
Droit locatif, 60e sur 37.980 fr.	633 fr.
	1818 fr.
Centimes additionnels (2) . .	836 fr.
	2654 fr.

Soit pour deux ans, 5.308 francs.

La patente (part de l'État), représente 2.79 % des bénéfices.

2° U. et Cie (3).

Société en commandite par actions créée en 1900. Capital de 2.400.000 francs, en 4.800 actions de 500 fr.

Il a été distribué, en 1910, 50 fr. par action soit   240.000 fr.

      —   1911, 75 fr.   —   360.000 fr.

      —   1912, 75 fr.   —   360.000 fr.

      —   1913, 100 fr.   —   480.000 fr.

En tout.   .   .   .   1.440.000 fr.

---

(1) Comptes-rendus annuels et relevés des rôles des patentes.

(2) Loi du 18 juillet 1911. Les centimes additionnels généraux sont de 47.72, La moyenne de 1906 à 1912 est 46. Nous nous sommes servis de ce chiffre.

(3) Compte-rendu de l'Assemblée générale du 20 mars 1913.

Cette société comprend deux usines qui ont payé, pendant le même temps, les droits de patente suivants :

1º *Usine des P.-de-V.* — Exploitant de papeterie à la mécanique.

3 machines à papier de 2m80 de largeur	1.260 »
1 machine à papier de 2m70 de largeur	400 »
4 calandres à 8 rouleaux chacune pr papier de 1m30.	83 20
2 — 10 — — 2m20	88 »
2 — 8 — — 1m35.	43 20
1 — 10 — — 1m...	20 »
3 appareils à régler.	9 »
1 appareil à rogner.	3 »
Droit proportionnel: 50e sur 65.820.	1.316 40
	3.222 80

2º *Usine de N...* — Exploitant de papeterie à la mécanique, ne fabricant que du papier d'emballage.

1 machine à papier de 2m40 de largeur	170 »
2 — 2m —	260 »
1 — 1m60 —	90 »
49 rouleaux-calandre en continu pr papier de 1m50 .	73 50
43 — — 1m10 .	47 30
Droit proportionnel: 20e sur 1000 et 50e sur 84.25 . .	1.735 »
	2.375 80
Total des 2 usines . . .	5.598 60
Centimes additionnels (1)	2 575 40
Total des droits de patente annuels	8.174 »

Soit pour 4 ans, 32.696 francs.

La patente (part de l'Etat) représente 2.27 % des bénéfices.

_____

(1) Voir p. 180, note 2.

3° Société Générale [1]

Pour favoriser le développement du Commerce et de l'Industrie en France.

Société anonyme fondée en 1864. Capital : 500.000 millions de de francs en 800.000 actions de 625 francs.

Il a été distribué, pour 1912 ,19.500.000 fr. de bénéfices.

L'impôt mobilier et des patentes pendant cette année s'est élevé :

Pour Paris à	1.088.930 22
Pour la province à	899.536 33
Soit au total.	1.988.466 45
L'impôt mobilier représentant	397.693 28
approximativement le 1/5ᵉ de la patente, il reste	1.590.773 17
pour celle-ci et pour la part de l'Etat	892.845 »

La patente (part de l'Etat) représente 4.57 °/₀ des bénéfices.

4° Société des Forges de D. et F. [1].

Société anonyme créée le 25 janvier 1907. Capital de 1.000.000 de francs en 2.000 actions de 500 francs.

Il a été distribué en 1908	6 °/₀	brut par action	60.000 fr.
—	1909	7 °/₀	—	70.000 —
—	1910	7 °/₀	—	80.000 —
—	1911	9 °/₀	—	90.000 —
—	1912	10 °/₀	—	100.000 —
—	1913	10 °/₀	—	100.000 —
		En tout	500.000 fr.

Cette société comprend deux usines qui ont payé pendant le même temps les droits de patente suivants :

1° *Usine de D* — Fabricant de pompes à incendie et de fourneaux potagers pour le commerce.

---

(1) Comptes-rendus et relevé des patentes.

```
10 premiers ouvriers . . . . . . . .        18 fr.
100 ouvriers en sus (en moyenne). .        360 —
20ᵉ de 1.200 + 50ᵉ de 12.500 . . . .       310 —
                                           688 fr.    688 fr.
```

2° *Usine de F.* Entrepreneur de fonderie de
fer de deuxième fusion.

```
Taxe déterminée . . . . . . . . .            5 fr.
120 ouvriers (en moyenne). . . . .         480 —
20ᵉ de 1000 + 60ᵉ de 14.700 . . . .        294 —
                                           779 fr.    779 fr.
                                                     1.467 fr.
               Centimes additionnels (1). . .         675 fr.
Total des droits de patente annuels . . . . . . . .  2.142 fr.
```

Soit pour 6 ans : 12.852 francs.

La patente (part de l'Etat) représente 2.57 % des
bénéfices.

3° SOCIÉTÉ DES F. DE F.-C.

Société anonyme au capital de 9.370.750 en 37.750
actions de 250 francs.

```
Il a été distribué en 1904   15 fr. par action soit    562 245   »
                      1905   15    —                   562 245   »
                      1906   15    —                   562 245   »
                      1907   12    —                   449 796   »
                      1908    »    —                      »      »
                      1909    »    —                      »
                      1910    »    —                      »      »
                      1911    »    —                      »      ɔ
                      1912    6    —                   224.898   »
                      1913    6    —                   224.898   »
                                                     2.586.327   »
```

Elle possède les usines suivantes qui ont payé pendant le même temps les droits de patente suivants :

(1) Voir page 180, note 2.

4° Usine de F., Maître de forges :

2 fours de 2ᵉ fusion....................	160	Forge s. angl.
3 fours à pudler.......................	120	
13 fours à réchauffer..................	1040	
2 fours de 2ᵉ fusion	160	Fonderie.
1 feu ordinaire	30	
6 chaufferies.........................	180	Chaînerie.

Comme serrurier-entrepreneur travaillant pour le commerce :

10 premiers ouvriers.................	18	
100 ouvriers en plus en moyenne	360	
Droit proportionnel au 50ᵉ sur 60.000 fr.	1 200	
	3.268	3.268

2° Usine de B. de S. — Entrepreneur de laminerie :

4 cylindres de plus de 1 mètre........	240	
14 — de moins de 1 mètre......	420	

Pour une fabrique de fer blanc :

Taxe déterminée...	5	
8 ouvriers...........................	40	
Droit proportionnel : 20ᵉ de 250 fr......	12	
— 50ᵉ de 10.600 fr....	212	
	929	929

3° Usine de la S. — Exploitant de tréfilerie en fer :

Taxe déterminée.............	5	
54 bobines...........................	108	
155 bobines pour fil d'un diamètre inférieur à 1/2 millimètre............	125	
5 ouvriers	20	
	258	258

A reporter 4.455

Report...		4.455

Fabricant de clous par procédés mécaniques :

29 métiers........................	174	
Droit proportionnel du 20e sur 500 fr.....	25	
— 50e sur 12,700 fr..	254	
	741	741

4° *Usine de P. de N.* — Entrepreneur de laminage :

3 cylindres de plus de 1 mètre.........	180	
11 — de moins de 1 mètre.......	330	

Exploitant de tréfilerie de fer :

Taxe déterminée.....................	5	
5 ouvriers......	20	
41 bobines..................	82	
Droit proportionnel : 50e sur 11.310 fr....	226	
	843	843

5° *Usine de L.* — Entrepreneur de laminage :

13 cylindres d'une long. inf. à 1 mètre. .	390	

Exploitant de tréfilerie de fer :

69 bobines fabriq. du fil infér. à 1/2 mill.	138	
6 ouvriers	24	

Fabricant de clous par procédés mécaniques :

24 métiers.........................	144	
Droit proportionnel : 20e de 600 fr.......	30	
— 50e sur 21.260 fr....	425	
	1.151	1.151
A reporter ...		7.190

Report.....		7.190

6° *Usine de P.*— Fabricant de clous et pointes par procédés mécaniques :

106 métiers	636	

Exploitant de tréfilerie en fer :

Taxe déterminée	5	
13 bobines...	26	
Droit proportionnel : 20ᶜ sur 300 fr.	15	
— 50ᵉ sur 9.445 fr.....	191	
	873	873

7° *Usine de Ch.B.* — Exploitant de tréfilerie en fer :

Taxe déterminée..	5	
119 bobines, dont 5 fabricant du fil d'un diamètre inférieur à 1/2 millimètre.	233	
9 ouvriers	36	

Fabricant de clous et pointes par procédés mécaniques :

80 métiers à pointes	480	

Exploitant une usine pour la galvanisation du fer :

5 ouvriers	20	

Exploitant de laminerie :

13 cylindres d'une long. infér. à 1 mètre.	390	
Droit proportionnel : 20ᶜ sur 250 fr......	12	
— 50ᶜ sur 15.590 fr ...	350	
	1.486	1.486

8° Bureaux de B. :

Entrepreneur de travaux publics........		250
100.000 fr. de travaux	300	300
A reporter ...	300	9.099

Report	300	9.099

Maîtres de forges :

| Droit proportionnel : 50ᵉ sur 3.900 fr.... | 78 | |
| | 380 | 380 |

9° Mines de L. :

| Redevance totale de .... | 246 | |

Mines de L. :

Redevance totale de...................	363	
	609	609
Total des droits de patente annuels....		12.619
Centimes		5.705
		18.324

Soit pour 10 ans : 183 240 fr.

La patente (part de l'Etat) représente 7.08 %, des bénéfices.

Si l'on s'en tient à ces quatre exemples, pris parmi les industries les plus diverses, la patente atteindrait les bénéfices des professions dans la proportion de 2,57 % au moins et de 7,08 % au plus. Le taux moyen serait de 3,85 %. Nous donnons ces chiffres tels que nous les avons obtenus et nous ne dissimulons pas qu'ils ont une valeur toute relative. Il est probable cependant que la moyenne générale ne s'écartera pas beaucoup de ces données et qu'on pourrait fixer à 3,50 % des bénéfices le taux de la taxe de remplacement sans que l'Etat ait à souffrir de la substitution de cette taxe à l'impôt ancien.

SECTION III

Fonctionnement de la déclaration
facultative

———

Nous nous sommes attardé à l'étude des sociétés, des règles qui président à leur fonctionnement et de l'effet que ces règles peuvent avoir sur la sincérité des déclarations : mais la place que cette étude tient dans la deuxième partie de notre ouvrage n'indique pas qu'elle a changé de rang par rapport à l'ensemble et ce n'est pas parce que nous l'avons traitée plus longuement qu'elle cesse d'être secondaire. Nous revenons maintenant à l'étude de la question principale qui est de savoir si le mécanisme de l'abonnement au système de la déclaration peut fonctionner en même temps que la patente, s'il ne se produira pas rapidement l'absorption d'un système par l'autre, et si ce mécanisme, qui dans notre esprit devait être alternatif, ne perdra pas vite son équilibre pour devenir soit la patente seule, soit l'impôt sur le revenu seul ; c'est ce que nous allons examiner dans le chapitre suivant.

CHAPITRE I

CHOIX DU CONTRIBUABLE

Quand le taux de l'impôt sur les revenus mixtes sera fixé et que les contribuables pourront exprimer leurs préférences, le choix se fera en général de la manière suivante : chacun comparera le montant de ses impositions suivant l'un et l'autre mode et se décidera pour le moins élevé. Voilà la grande raison qui fera agir le contribuable dans la majorité des cas. A ce principe s'en ajouteront d'autres qui sont secondaires, il est vrai, mais qui agiront cependant sur la décision et qui pourront la modifier : ce sont l'abonnement et la crainte de la divulgation du secret des affaires ; tel contribuable, qui aurait nettement avantage à choisir le système revenu craindra, en l'adoptant pour cinq ans, de faire une mauvaise opération et de se trouver finalement la dupe de cette combinaison ; cet autre redoutera que la publicité donnée à ses affaires ne lui nuise et ne diminue son crédit. Nous allons envisager pour chaque cas particulier l'effet de ces influences diverses.

§ 1.— *La patente que paie le contribuable est inférieure à ce qu'il donnerait sous le régime du revenu.*

C'est la patente qu'il choisira, car elle a tous les avantages : avantage pécuniaire, non vexation, pas de divulgation du secret des affaires, pas d'abonnement ; elle n'a aucun inconvénient. Raisonnablement on ne peut choisir d'autre solution.

§ 2.— *La patente est plus forte que ne le serait l'impôt sur le revenu.* Ici il faut distinguer : si la patente est beaucoup plus forte que ne le serait l'impôt sur le revenu (du 1/3 par exemple), c'est cet impôt qu'on choisira, car les obligations qu'il comporte sont plus que compensées par la réduction de la charge fiscale ; en effet ces obligations qui sont de permettre l'inquisition chez soi de la part d'un étranger, quelque gênantes qu'elles soient, n'ont rien de comparable à l'accroissement du 1/3 de l'impôt ; elles ne sont pas vexatoires pour cette somme.

Si la patente n'est que faiblement supérieure à l'impôt sur le revenu, il faut encore tenir compte de deux choses : si le commerce est prospère ou s'il ne l'est pas. S'il est prospère, si les bénéfices croissent normalement, si des plus-values régulières s'annoncent pour l'avenir, le contribuable conservera la patente, car le sacrifice pécuniaire qu'il lui fait actuellement en la conservant ne durera pas et sera compensé dans les cinq années qui suivront par l'accroissement de ses bénéfices, cet accroissement emportant naturellement augmentation d'impôt. Si son commerce ou son industrie, au contraire, reste stationnaire ou périclite (ce qui revient au même), le contribuable choisira l'impôt sur le revenu car cet impôt lui offre, malgré les obligations auxquelles il l'assujettit, un avantage pécuniaire important qui compense ces ennuis (1).

Les décisions des contribuables seront encore soumises à un troisième facteur qui est la plus ou moins grande antipathie que l'individu éprouvera envers le système du revenu. Mais nous ne croyons pas qu'il soit utile de faire intervenir cette considération dans des prévisions générales, car elle est toute particulière: elle n'est susceptible d'aucune appréciation et elle n'a, selon nous, que peu de poids, les sympathies comptant peu en face des besoins pécuniaires ; on sait faire taire le cœur, généralement, quand l'intérêt parle.

Donc abstraction faite de l'élément sympathique, les contribuables qui choisiront la patente seront ceux dont la patente sera inférieure de beaucoup au revenu et ceux dont la patente actuellement supérieure ne le sera pas pendant longtemps, puisque le revenu prévu pour la cinquième année doit être supérieur à la patente probable de cette cinquième année.

On peut en conclure que les droits de patente de ces professions ne sont pas assez élevés et pas assez discriminés.

---

(1) Nous sommes à peu près certain de ces solutions. Le commerçant dont les affaires sont vraiment mauvaises,et qui n'espère aucune amélioration à son sort, ne craint pas de montrer sa situation financière, puisqu'il n'a plus rien à perdre. Quand il craint de la rendre publique, c'est qu'elle n'est pas désespérée, c'est qu'il espère les rétablir et que la situation gênée dans laquelle il se trouve est passagère ; c'est qu'il en sortira bientôt; ce cas rentre dans le premier, dans celui du contribuable dont le commerce est prospère et qui adopte la patente.

Les contribuables qui choisiront l'impôt sur le revenu seront ceux dont la patente est de beaucoup supérieure au revenu et ceux dont la patente, quoique inférieure au revenu, ne baisse pas assez rapidement puisque le revenu prévu pour la cinquième année doit être inférieur à la patente probable de cette cinquième année.

Les droits de patente de ces professions sont trop élevés et pas assez discriminés.

CHAPITRE II

CONCORDANCE DES DEUX IMPOTS

La difficulté d'exécuter un tel projet consiste à ne pas troubler les finances de l'Etat par un trop fort déficit, ni les habitudes des contribuables par une augmentation trop brusque de l'impôt, à ménager les ressources de l'un et la susceptibilité de l'autre ; il faut opérer cette réforme posément, lentement, comme on fait une réparation à une route sans interrompre la circulation.

Il y a plusieurs moyens d'arriver à ce résultat, seulement, tous ne sont pas également pratiques. Nous en voyons un qui consiste à chercher le taux moyen auquel ressort la patente pour la totalité des revenus

professionnels et à établir l'impôt sur le revenu à ce
chiffre. Pour cela, il faut diviser la totalité des revenus
professionnels par le montant total de la patente; or
nous connaissons ce dernier chiffre mais nous ignorons
le premier, nous n'en avons pas la moindre idée et
cette circonstance nous oblige à renoncer à atteindre
le but de cette manière. Nous ne pouvons pas non plus
penser à celle qui consiste à choisir le taux moyen de
4,75°/₀ sous prétexte que des expériences particulières
ont permis de constater que la patente frappait les bénéfices de certains commerçants dans la proportion de
9 °/₀ et d'autres dans celle de 0,50 °/₀ ; ces expérimentations en effet n'ont rien de général, d'officiel, ni de pro-
bant. D'autre part le procédé serait hasardé et les
finances de l'Etat en souffriraient car les contribuables
surtaxés n'hésiteraient pas à abandonner la patente en
faveur du nouvel impôt et ce déficit ne serait compensé
par aucune plus-value, les contribuables moins taxés
par la patente n'ayant aucune raison de l'abandonner.

Nous proposons un troisième moyen, plus lent, mais
plus sûr. Il consiste à fixer d'abord le taux de l'impôt
sur le revenu à un chiffre très élevé, à 15 °/₀ par
exemple, si l'on croit que 15 °/₀ est le taux maximum
auquel la patente peut ressortir dans certains cas. Les
professions pour lesquelles ce taux de 15 °/₀ sur les bénéfices constituera un dégrèvement par rapport à la
patente abandonneront ce système pour se soumettre
au nouveau ; il ne résultera de ce changement
qu'un déficit tout à fait partiel et très faible, car il y a

13

très peu de professions pour lesquelles la patente ressorte à plus de 15 %. On notera ces professions et les conditions dans lesquelles elles sont exercées. Puis on abaissera le taux à 14 % par exemple : il y aura un nouvel abandon de la patente, de nouvelles adhésions au système « revenu » (on les notera soigneusement), un nouveau déficit probable, mais ce déficit sera toujours limité et il sera aussi faible qu'on voudra ; il n'y aura qu'à faire varier le taux. En conséquence, on fera ainsi de proche en proche et, insensiblement, au fur et à mesure des disponibilités financières et de l'effet produit, on abaissera le taux jusqu'à ce qu'on ait atteint un taux moyen ; ce taux moyen sera atteint quand il y aura une égale quantité de revenus professionnels soumis à la patente et à l'impôt sur le revenu.

Ainsi sera achevée la première partie de la réforme, mais la première partie seulement ; il y a la contre-partie à effectuer ; il faut mettre à même de profiter de la faculté toutes les professions qui n'en usent encore pas, c'est-à-dire celles dont la patente ressort à un taux inférieur au taux moyen auquel nous nous sommes arrêtés ; si ce taux est 8 % par exemple, toutes les professions pour lesquelles la patente ne constitue qu'une charge inférieure au 20e des bénéfices restent fidèles à ce vieux système ; elles sont donc favorisées et pour les mettre au même niveau que les professions concurrentes, il faut, puisque nous ne voulons plus abaisser le taux de l'impôt sur le revenu, augmenter leur taxation selon le système indiciaire. On augmentera donc les droits de patente de 1/10 par exemple. Cette majoration décidera certains commerçants à se soumettre au système revenu ; ce sera ceux dont la patente ressortissait au taux moyen de 8 °/₀ précédemment obtenu, puisqu'une légère augmentation, une augmentation de 1/10 a suffi pour la leur faire abandonner en faveur d'un système moins lourd ; on notera les professions qui ont changé de législation au moment du rehaussement de 1/10 ; on constatera les conditions dans lesquelles elles étaient exercées. Puis on augmentera les droits de patente de celles qui restent d'un autre 1/10 et on notera les désertions, et ainsi de suite jusqu'à ce qu'on ait mis toutes les professions précédemment favorisées dans le même état que celles qui ont subi la première partie de la réforme. Ainsi elles seront toutes également soumises au mêmes règles de fonctionnement.

CHAPITRE III

EFFETS DE LA DUALITÉ DE LÉGISLATION

Essayons de nous rendre compte des conséquences de ces réformes. D'abord il est évident que cette suite de modifications, ces changements continuels de tarification et de taux mettront de l'inquiétude dans le pays.

C'est inévitable. Quel changement prétend-on apporter à une législation, surtout à la législation fiscale, sans intéresser l'opinion publique ? Cette opinion
publique sera déconcertée par ces alternatives d'augmentations et de diminutions et elle ne manquera pas,
dans son ignorance, de les interpréter défavorablement.
Mais qu'importent les critiques et les troubles passagers
quand on est sûr du résultat et qu'on sait que ce résul-
at sera favorable à la majorité des contribuables. Nous
avons la conviction d'avoir choisi parmi les différents
remèdes possibles le moins brutal et d'avoir réduit au
minimum les inconvénients que ce changement de législation devait fatalement apporter. Quand on a pris
ces précautions, il est permis de n'avoir aucun regret.

Les finances de l'Etat seront également touchées par
la réforme et, au cours de son accomplissement, on constatera certainement des moins-values ; mais là encore,
l'Etat ne pourra se plaindre, car les moins-values ne
viendront pas au hasard ; l'équilibre du budget ne sera
pas détruit ; le sacrifice pourra toujours être prévu
d'avance et limité à volonté. D'autre part en agissant
lentement, en répartissant l'expérience sur plusieurs
exercices on allégera la charge de chacun d'eux au
point de la rendre insensible.

Ces deux défauts sont inévitables. Voilà maintenant le
double avantage qu'il est probable que la réforme fera
naître.

§ 1. *On acclimatera l'impôt personnel.* — Par le
système de la déclaration facultative, on acclimatera

l'impôt personnel : on l'aurait imposé qu'il aurait été honni ; on l'offre, peut-être réussira-t-il ? Nous ne brusquons aucune habitude ; nous n'enchaînons aucune volonté puisque la déclaration est facultative et que le contribuable peut toujours réfugier son indépendance menacée sous le couvert de la patente, cette loi asile. Nous ne savons pas si le contribuable usera ou n'usera pas de ce refuge, mais il nous importe peu. Nous n'avons pas imaginé ce dispositif pour qu'on s'en serve ; nous l'avons établi pour qu'il soit là, et c'est tout, pour que sa seule présence rassure le contribuable et le fasse aller avec plus de confiance à l'impôt personnel. On n'oublie pas en effet que c'est une expérience que nous tentons, une expérience comparative, des résultats de laquelle doit sortir la patente victorieuse ou vaincue. Pour que cette expérience soit probante et en raison des suites qu'elle doit avoir, il faut égaliser le plus possible les chances de réussite des systèmes concurrents et placer les contribuables vis-à-vis de chacun d'eux, de la même manière. Donc muni de cette assurance, le contribuable se soumettra à l'impôt sur le revenu, d'abord craintivement, car il ignorera les obligations qu'il exige et il craindra les ennuis qu'il comporte ; mais il s'y soumettra cependant puisque ce système s'offre à lui sous la forme d'un dégrèvement d'impôt. Puis, quand il en aura jugé les effets, quand il aura mesuré la somme des obligations et connu la limite des ennuis, il ira à lui plus consciemment ; il en appréciera le mécanisme, il en comparera les effets à ceux de la patente ; il se fera en un mot une conviction personnelle. Faire naître dans le peuple des opinions personnelles doit être le but d'un gouvernement démocratique.

§ 2. *On améliorera la patente.* — Nous avons dit qu'au cours de la réforme, chaque fois qu'on abaisserait le taux de l'impôt personnel à 14, à 13, à 10, à 8 % (taux moyen supposé), on noterait les professions qui auront abandonné l'impôt patente pour l'impôt revenu, et les conditions dans lesquelles elles étaient exercées à ce moment. Nous avons dit qu'on ferait de même quand on élèverait, de 1/10, 1/5, 1/4, 1/2, du double, le tarif des professions moins taxées par la patente. On aura ainsi, pour chaque abaissement de taux et pour chaque élévation de tarif, la liste des professions qui ont changé de législation au moment de l'apparition du taux ou du tarif nouveau, c'est-à-dire qu'on saura le bénéfice moyen de chacune de ces professions. Supposons qu'un marchand d'épicerie en demi-gros qui payait 300 francs de patente ait adopté l'impôt personnel, au moment où on en a abaissé le taux à 8 %, cela signifie qu'il faisait à peu près 3.750 francs de bénéfices nets à ce moment ; nous disons « à peu près », mais cet « à peu près » est plus exact qu'on ne pense, il est exact à 10 % près ; en effet, si le contribuable avait fait moins de bénéfices, 3.000 francs par exemple, il aurait déjà adopté l'impôt personnel un ou deux ans avant quand ce taux était à 10 % [300 × 100 : 10 = 3.000] : s'il en avait fait beaucoup

plus, 4.800 par exemple, il ne l'adopterait pas encore
et il attendrait l'arrivée du taux 6.25 % puisque
$300 \times 100 : 4.800 = 6.25$ (1).

Pour cette raison, étant donné le taux à l'apparition
duquel le contribuable a changé de système et la patente qu'il payait à ce moment, il est donc facile de
trouver le montant moyen de ses bénéfices. C'est là
quelque chose de très important. Avoir trouvé le montant moyen des bénéfices d'une profession, c'est presque avoir résolu ce fameux problème de la déclaration
exacte du revenu, c'est presque supprimer la législation fiscale, puisque l'infinité de règles, de calculs, de
lois, de prescriptions, de moyens détournés, d'expédients
qu'elle contient, ne vise qu'un but : arriver à la connaissance des bénéfices. Nous y arrivons, nous, presque directement et de la meilleure manière. C'est le
contribuable lui-même qui nous dit, non pas tout à fait :
mon revenu est de..., mais dans les 5 ans qui vont
suivre mon revenu sera à peu près de... (à 10 % près).
Et il exagérera plutôt ce chiffre car il y a intérêt.

Retenons cet aveu et servons nous en. Nous allons
l'utiliser d'abord à l'amélioration du tarif des patentes.
On améliorera ce tarif en considérant plusieurs cas
semblables, c'est-à-dire plusieurs professions semblables
qui ont abandonné la patente et plusieurs autres qui

(1) Nous parlons bien entendu d'un bénéfice moyen calculé sur 5 ans,
puisque l'adoption du système revenu ne peut être valable sans un abonnement de 5 ans à ce système.

l'ont conservée ; on essayera de trouver dans les conditions particulières du fonctionnement du commerce ou
de l'industrie au moment du changement de législation
la cause de la surtaxe et par conséquent le moyen de
la faire disparaître. On découvrira ainsi de nouveaux indices et, après quelques tâtonnements, on trou-
vera la tarification exacte qu'il y a lieu de leur attribuer.
On aura ainsi sous la main tous les éléments nécessaires
pour faire des comparaisons périodiques et pour obtenir, après quelques années, un tarif très homogène et
très proportionnel.

A ce programme deux objections ont été faites. On
nous adresse ce premier reproche, on nous dit : vous
croyez avoir opéré la réforme de la taxation patente,
en réalité vous ne l'avez pas réformée, cette taxation,
vous l'avez supprimée et les deux opérations concor-
dantes d'abaissement de taux et de relèvement de tarif
que vous avez pratiquées successivement, n'ont eu que
ce résultat négatif. Par la première vous avez abaissé
le taux de l'impôt « revenu » de telle sorte que tout le
premier groupe des patentables, le groupe des patentables précédemment surtaxés est tellement avantagé
par le système personnel qu'il ne songe plus à revenir au système patente, et qu'il l'a abandonné sans
esprit de retour. Par la deuxième vous avez tellement
élevé la tarification patente que les contribuables du
deuxième groupe, le groupe des patentables précédemment moins taxés a renoncé lui aussi à la législation antérieure et qu'il préfère, malgré ses vexations,

l'impôt nouveau qui est beaucoup plus faible. En abais
sant d'un côté le taux, en élevant d'un autre le tarif,
vous avez dépouillé en deux coups la patente de tous ses
adhérents ; et vous prétendez maintenant l'améliorer ?
C'est bien inutile puisque plus personne n'y pense.

C'est au contraire fort utile, car tout le monde y
pense. Peut-être pas tout le monde cependant ; les contribuables du premier groupe qui jouissent maintenant
de leur dégrèvement n'y pensent peut-être pas, mais
ceux du deuxième regrettent certainement leur ancien
état, cette législation clémente envers leur bourse et
peu exigeante de leurs secrets. C'est pour ceux-là d'a-
bord, et pour le principe général qu'il faut mettre les
deux systèmes en balance et faire vraiment de la faculté
d'abonnement un mécanisme de libre choix. Il y a peu
de choses à faire pour rétablir cet équilibre compromis ;
quand les deux opérations d'abaissement de taux et de
relèvement de tarif seront achevées, il n'y aura qu'à
élever légèrement le taux « revenu » et cela suffira. Les
deux systèmes seront replacés dans une situation égale ;
les contribuables hésiteront dans le choix et ce choix
ne sera plus dicté par des considérations pécuniaires,
mais par les sympathies personnelles.

On nous fera également un reproche qui aboutirait,
lui aussi, s'il était fondé, à la nullité de la réforme. Nous
aurions, selon cette opinion, dénaturé les faits et nous
les aurions présentés d'une manière très simple, trop
simple qui ne serait pas du tout l'aspect qu'ils auraient
en réalité. Nous aurions laissé supposer qu'au fur et à

mesure de l'abaissement du taux-revenu de 15 à 14, à 13,
à 8 %, les professions auraient quitté franchement
l'impôt patente, à l'unanimité, sans division ; que les
désertions se seraient faites par blocs, par groupes
entiers ; par exemple, qu'au taux 10 % tous les chiffonniers en demi-gros des communes de 10 à 20,000 habitants auraient abandonné la patente ; au taux 6 %,
tous les marchands d'épicerie en détail des communes
de 2 à 5,000 habitants. On nous fait pressentir que la
réalité sera probablement tout autre ; il y aura peut-être
30 chiffonniers en demi-gros des communes de 10 à
20,000 habitants qui auront adhéré au système revenu,
mais il y en aura peut-être 10 qui seront restés soumis
à la patente ; peut être que 1,000 épiciers des communes
de 2 à 5,000 habitants auront désiré se servir de la
faculté d'option et que 300 n'en auront pas usé.

C'est probablement ce qui se produira, mais le résultat n'est pas compromis pour autant. Une seule chose
nous importe, c'est qu'il y ait possibilité de comparaison. Or il y aura toujours division des sympathies
entre les systèmes en présence, quelle que soit la proportion des adhésions et des refus ; donc, toujours une
comparaison possible. Et cela nous suffit, car où il y
a comparaison, il y a amélioration possible, il y a en-
seignement pratique à tirer. C'est tout ce que nous retenons de la chose et c'est déjà beaucoup. En étudiant
de près le cas des 30 chiffonniers en demi-gros des
communes de 10 à 20.000 habitants qui se seront soumis au revenu et celui des 10 autres qui n'y auront pas

adhéré, on découvrira certainement la cause de ce choix; on verra les conditions spéciales d'exploitation et de situation, les différentes manières d'opérer de chacun de ces 40 commerçants ; on les rapprochera, on en tirera une ou deux idées générales et on concluera de ces idées générales à la création de nouveaux indices pour la taxation des chiffonniers en demi-gros des communes de 10 à 20.000 habitants ou à la modification des tarifs anciens.

On fera porter ces comparaisons sur le plus grand nombre possible de professions et, à la fin de l'opération, qu'elle qu'ait été la proportion des adhésions et des refus, on aura amélioré la taxation d'une façon très notable ; on l'aura rendue plus uniforme et plus proportionnelle.

CONCLUSION

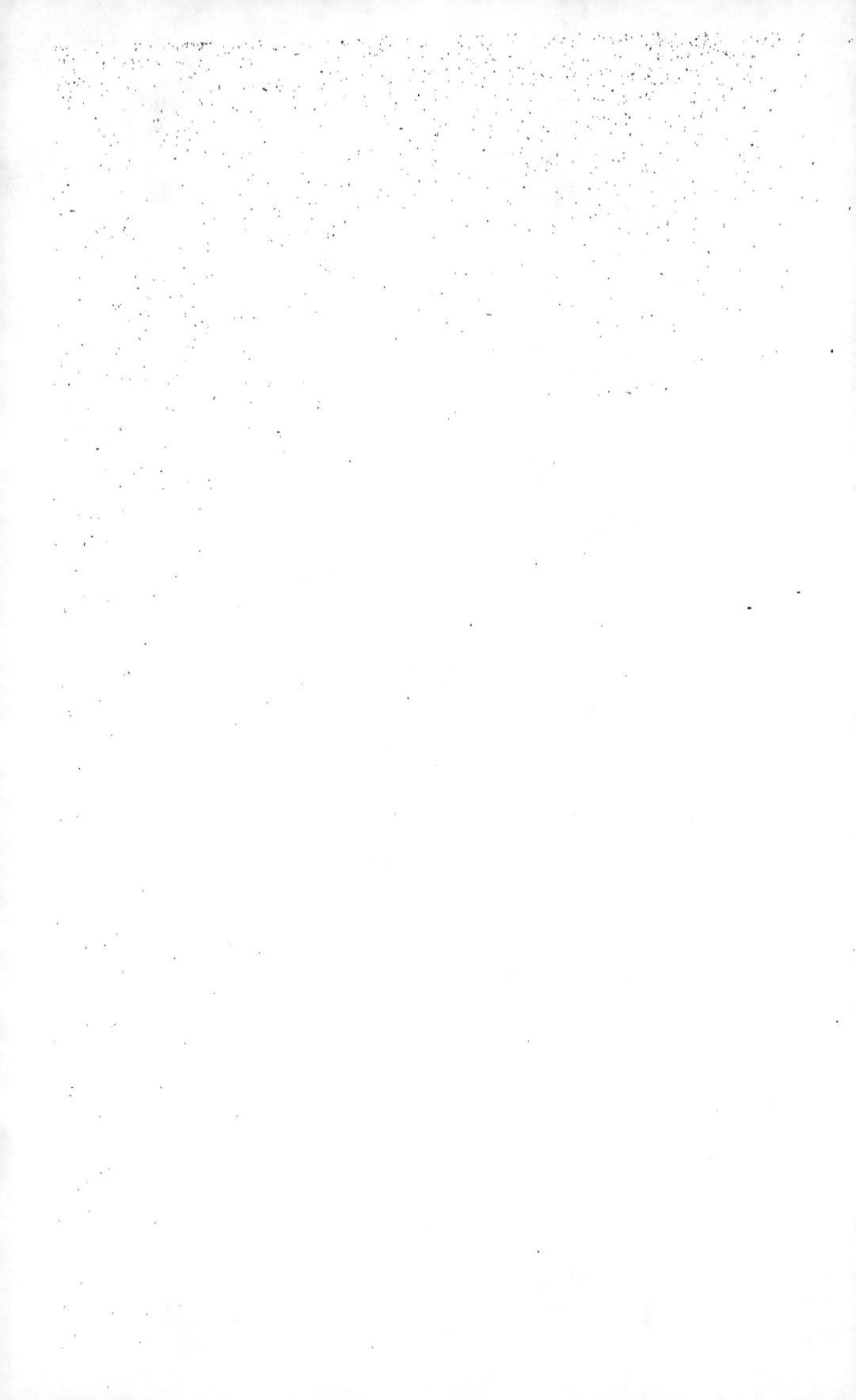

Nous avons achevé l'exposé de nos réformes. Nous nous résumons en disant qu'elles se composent de deux parties distinctes qui ont pour but l'amélioration de la taxation des revenus mixtes ; mais chacune d'elles a un programme spécial et une manière à elle d'obtenir ce résultat.

La première y parvient par deux moyens : 1° Nous améliorons la patente en nous servant des principes de la patente même ; nous ne sortons pas de ses limites ; nous en révisons seulement les principes ; nous les soumettons à un nouvel examen ; nous les développons plus logiquement ; nous supprimons ce qui nous semble incohérent et, même parmi les choses cohérentes, celles que la pratique nous a montré être iniques. Mais nous ne faisons aucun emprunt extérieur, nous ne modifions ni le cadre, ni l'armature de la loi. Cette première réforme n'exige aucun sacrifice du Trésor ; elle se solde au contraire par une plus-value notable qui est très probable et qui est suffisante, en tous cas, pour nous ras-

surer contre l'inexactitude toujours possible des prévisions et nous assurer de l'absence certaine de moins
value. Elle pourra être réalisée immédiatement. 2° Le
deuxième moyen suppose déjà autre chose que la
patente ; il indique que le législateur a apporté quelques restrictions à ses idées absolues, qu'il convient
de leur insuffisance et qu'il permet l'introduction d'un
principe nouveau. Ce n'est pas encore tout à fait l'impôt personnel, mais c'est déjà une tendance vers lui ;
c'est toujours la loi rigide qui fait l'ossature du système, mais certains éléments étrangers d'appréciation
personnelle s'y ajoutent déjà et en modifient l'aspect.
Ce deuxième projet pourra, lui aussi, être appliqué
immédiatement, mais ses conséquences financières sont
déjà moins favorables au Trésor que ne l'étaient celles
de la première. On ne peut plus les évaluer ; on est
réduit aux suppositions ; on prévoit vaguement que
les plus-values pourront compenser les pertes ; c'est
tout. Il serait plus exact de dire qu'on souhaite qu'il
en soit ainsi.

Dans la deuxième partie, le système personnel dont la
première partie laissait déjà pressentir l'existence et la
possibilité d'application est complètement introduit
dans la législation financière française. On l'y place
résolument avec ses obligations les plus complètes et
les plus rigoureuses et on n'apporte à son établissement
aucun ménagement, si ce n'est qu'on laisse la patente
à son côté et qu'on prend des précautions pour tenir,
au moins pendant quelques années, les chances égales

entre les deux systèmes. Mais cette deuxième réforme,
à l'inverse de la première exigera, du temps et de l'argent ; du temps d'abord, car la multitude des changements qu'elle comporte, des comparaisons qu'elle en-
traîne, des réformes qu'elle suppose ne pourra se faire
en un jour ; il s'agit d'aller lentement dans cette délicate besogne et de ne pas reproduire, sous prétexte de
réforme, des iniquités passagères moins supportables que
l'étaient les anciennes ; elle exigera de l'argent, car
l'abaissement du taux du revenu entraînera une diminution du rendement qui pourra atteindre la moitié
soit 51 millions en principal (120 en principal et centimes additionnels), et que ne compensera pas forcé-
ment en tous cas pas aussitôt, la plus-value que le
relèvement du tarif doit apporter. Donc déficit tempo-
raire certain et plus-value consécutive moins certaine.

Ces deux derniers caractères, lenteur de la réforme
et déficit probable, nous permettent de répondre à une
objection. On pourrait prétendre en effet que, de toute
notre étude, la deuxième partie seule est nécessaire
et que la première peut être supprimée sans inconvénient, puisque, par cette deuxième partie nous arrivons
tout d'un coup au résultat auquel la première ne nous
mène que lentement et péniblement, l'amélioration de
l'impôt. Si on y parvient si facilement par ce deuxième
chemin, pourquoi laisser subsister le premier? Nous le
laissons subsister car il ne fait pas double emploi avec
le deuxième; si ce dernier est plus sûr et plus direct, il
est aussi plus long et surtout il exige du Trésor une

14

souplesse qu'il n'a pas et des disponibilités qu'il a moins
encore.

Acclimater l'impôt personnel, améliorer la patente,
voilà le double but que nous nous étions proposé.

En réalité, ce but n'est pas double, les deux parties
de nos réformes se rejoignent pour n'en plus former
qu'une, la justice fiscale : c'est deux moyens détournés
que nous avons employés pour aboutir à un seul et
même résultat.

Nous avons inventé le système de la déclaration facultative pour éviter l'inégalité, l'injustice de la patente ;
et voilà qu'au moment où ce système commence à jouer
d'une manière satisfaisante, du même coup la patente
s'est subitement améliorée ; les inégalités ont disparu ;
il n'y a plus de ces différences de taux si choquantes ; elle
pèse à peu près également sur tous. De plus cette amélioration n'est pas passagère, elle est durable. La patente
sera toujours plus juste, toujours plus proportionnelle
qu'avant, car on la modifie journellement au moyen
des comparaisons qu'on fait avec les déclarations des
revenus des contribuables. Elle s'est assouplie et per-
fectionnée à ce point qu'on ne la reconnaît plus, qu'elle
ne mérite plus aucun des reproches qu'on lui faisait
avant, qu'elle apparaît au nombre des impôts comme
un des meilleurs, et que, si on n'a inventé la faculté
d'abonnement que pour éviter ses mauvais effets, on
peut supprimer cette faculté puisqu'il n'y a plus de
mauvais effets.

D'autre part, en suivant l'autre idée directrice de

nos réformes, nous avons conservé le système-patente
pour servir d'asile contre l'impôt sur le revenu, pour
que les contribuables timorés puissent réfugier en lui
leur indépendance menacée et éviter les effets horribles
que cet impôt ne devait pas manquer de produire. Et
voilà qu'on s'en sert tous les jours, de cet impôt-revenu,
qu'on en use de plus en plus et qu'on ne voit se réaliser aucune des prédictions terribles qui avaient précédé
son apparition. On s'aperçoit que les règles qu'il porte
sont toutes naturelles ; on s'y soumet facilement ; on
a oublié la patente et si, ma foi, on n'a laissé subsister
la patente que pour servir d'asile contre l'impôt sur le
revenu, on peut la supprimer ; on n'en a plus besoin ;
elle est trop vieille ; on ne craint plus l'impôt sur le
revenu, on l'a adopté sans réserve et on trouve qu'il a
toutes les qualités.

La vérité nous paraît se tenir dans un régime mixte.
Il ne faut supprimer ni la patente, ni la déclation facultative, il faut au contraire laisser subsister l'une et
l'autre et les unir si possible plus étroitement, car si la
patente s'est tellement améliorée, c'est qu'il y a à côté
d'elle l'impôt sur le revenu où elle puise son esprit de
perfectionnement ; et si l'impôt sur le revenu paraît si
doux, c'est que la patente est là, avec son atmosphère
de liberté, qu'il se dégage d'elle un flux invisible d'indépendance et de sécurité qui touche, à leur insu, les
adhérents de l'impôt-revenu et les empêche de sentir le
poids véritable de l'impôt auquel ils se sont soumis.
Laissons donc unis ces deux systèmes, laissons les se

faire dignement concurrence, s'imiter, s'améliorer, se prêter appui mutuellement, puiser l'un dans l'autre des forces nouvelles et coopérer à réaliser la plus grande justice fiscale jointe à la meilleure productivité.

TABLE DES MATIÈRES

BESANÇON. — IMPRIMERIE DODIVERS

LOIS DE PATENTES

LES NOMBRES INDIQUENT DES PROFESSIONS OU CATÉGORIES DE PROFESSIONS	Therm. III	Fructi. IV	Frimaire	Brumaire VI	Brumaire VII	Mars 1817	Avril 1844	Mai 1850	Juin 1858	Mai 1863	Août 1866	Mars 1872	Juillet 1880	Avril 1885	Août 1890	Avril 1893	Avril 1905 actuelle
	1			4	5	6	7	8	9	10	11	12	13	14	15	16	17
DROIT PROFESSIONNEL																	
TABLEAU A (Commerce) — 1re classe	3	20	20	24	32	40	85	94	94	96	100	100	113	117	117	117	117
2e	2	21	21	22	24	24	45	53	49	55	60	60	77	78	88	88	89
3e	2	39	48	47	44	44	78	88	87	86	87	87	99	105	108	108	125
4e	1	40	47	47	48	48	132	169	163	164	169	169	169	171	189	189	190
5e	1	36	42	42	48	48	179	199	197	199	200	200	204	210	215	215	222
6e	1	32	42	42	44	44	331	385	375	379	389	389	385	388	397	397	407
7e		35	38	38	33	33	267	339	352	337	337	337	335	330	335	336	342
8e		7	9	9	»	»	185	218	212	214	215	215	215	22?	224	224	227
TOTAL	10	230	267	271	273	271	1312	1540	1509	1530	1557	1557	1587	1621	1673	1673	1719
TABLEAU B (Haut commerce, Banque)	1	8	5	8	7	9	17	22	27	27	28	28	25	28	34	30	33
TABLEAU C (Industrie) — 1re partie						11	19	23	23	23	22	22	21	24	24	25	24
2e							44	75	74	77	76	77	60	61	63	63	66
3e							66	103	113	123	127	127	136	138	143	142	168
4e							10	18	20	21	22	22	27	27	28	28	33
5e							17	23	36	36	37	37	34	35	50	40	50
TOTAL							156	261	266	281	285	285	278	285	298	298	339
TABLEAU D (Professions libérales)							»	16	17	17	17	17	17	17	18	17	17
TOTAL DES 4 TABLEAUX	11	233	275	279	280	291	1458	1849	1819	1855	1887	1887	1907	1941	2023	2018	2108
MODALITÉS — Vendre en gros	1	19	19	19	21	21	90	107	107	109	112	112	120	122	122	122	122
— en demi-gros							38	44	45	52	58	58	62	63	66	66	66
— en détail	1	15	15	15	15	15	77	85	88	90	90	90	90	90	94	94	94
— au petit détail									3	3	3	3	3	3	3	3	3
Fabriquer à façon		1	1	1	1	1	118	147	147	149	150	150	150	150	150	150	150
— pour son compte							105	117	117	119	119	119	119	119	120	120	120
— p. procédés ordinaires							12	12	12	12	12	12	12	12	12	12	12
TAXES VARIABLES les plus employées — Population (tableau A)	4	5	5	5	7	7	8	8	8	8	8	8	9	9	9	9	9
Nombre de catégories (tabl. B)						3	6	6	6	6	6	6	6	6	6	6	4 à 9
Villes ayant un entrepôt réel (id.)							6	9	9	9	9	9	15	15	15	15	15
Employés (id.)													18	18	18	18	15
Ouvriers (tabl. C)							37	85	92	100	103	103	123	125	142	142	174
DROIT LOCATIF — Taux du 1/3																	1
1/4																1	1
1/6 (1/5 ou 1893)															1		1
7e																	
8e																	
10e		238	273	277	278	289						128	29	29		30	37
12e													17	17	18	17	17
15e							138	178	189	189	189	208	17	17	18	17	17
20e							796	960	929	963	995	848	471	471	471	471	673
30e							6	6	6	6	6	6	759	765	782	782	818
40e							535	677	677	679	679	679	101	102	112	112	100
50e							10	18	18	18	18	18	676	680	686	686	166
60e													27	27	27	27	33
100e																	549

(1) Les autres signes extérieurs servant à l'établissement des taxes variables sont : les feux, forges, fours, laminoirs, martinets des usines métallurgiques, les lames des scieries, le nombre de tonneaux des navires, le capital des banques, la longueur des chemins de fer, canaux, courriers, le nombre des détenus des prisons, la capacité des fosses de tanneurs, des chaudières des sucreries, le nombre des tavelles, bobines, broches, métiers, cylindres pour les usines de filature et de tissage, les quantités vendues par les marchands de vin et d'alcool, etc.

www.ingramcontent.com/pod-product-compliance
Lightning Source LLC
Chambersburg PA
CBHW070458200326
41519CB00013B/2634